走近古典品人生

晏殊：
那时风景，看湿了眼

王佳倩·著

哈尔滨出版社
HARBIN PUBLISHING HOUSE

图书在版编目（CIP）数据

晏殊：那时风景，看湿了眼 / 王佳倩著. —哈尔滨：哈尔滨出版社，2018.7
（走近古典品人生）
ISBN 978-7-5484-3766-6

Ⅰ. ①晏… Ⅱ. ①王… Ⅲ. ①晏殊（991–1055）–传记 Ⅳ. ①K825.6

中国版本图书馆CIP数据核字（2017）第298233号

书　　名：晏殊——那时风景，看湿了眼

作　　者：王佳倩　著
责任编辑：任　环　杨　磊
责任审校：李　战
装帧设计：上尚装帧设计

出版发行：哈尔滨出版社（Harbin Publishing House）
社　　址：哈尔滨市松北区世坤路738号9号楼　　邮编：150028
经　　销：全国新华书店
印　　刷：哈尔滨市石桥印务有限公司
网　　址：www.hrbcbs.com　　www.mifengniao.com
E-mail：hrbcbs@yeah.net
编辑版权热线：（0451）87900271　87900272
销售热线：（0451）87900202　87900203
邮购热线：4006900345（0451）87900256

开　　本：787mm × 1092mm　1/16　印张：10.5　字数：135千字
版　　次：2018年7月第1版
印　　次：2018年7月第1次印刷
书　　号：ISBN 978-7-5484-3766-6
定　　价：36.80元

序　言

他天资聪颖，年仅十四岁便凭借奕奕才华参加殿试，之后便青云直上，官至宰相。

他一生富贵，笔下亦无凄苦悲凉的人生痛楚，只有淡淡的闲愁别绪，如烟似雾，馨香空灵。

他便是有“宰相词人”之称的晏殊，作为宋词发展的开路人之一，士大夫的书卷气与清高儒雅的风骨贯穿这位千古词人的一生。

晏殊的一生可以分为四个阶段：少年神童、平步青云、官至宰相、安然终老。他为官五十年之久，有着“太平宰相”之称。

晏殊的情感历程似乎没有他的仕途那般顺利。从晏殊的词作中不难看出他对生命短暂的叹息，对未能与子偕老的遗憾。

在他二十岁时，突然天降厄运，晏殊不得不承受至亲永别的伤痛，这给他后来的人生蒙上了一层难以挥去的阴影。他的弟弟晏颖年少成名，与他一同进入翰林院伴读，却在十八岁突然告别人世。

但命运似乎并没有打算就此停下对青年晏殊的残忍。不久，其父不幸病逝。突如其来的打击让正在京城任职的晏殊不得不匆忙返家以尽孝道。然而，君有命，臣不得不领。守丧中的晏殊被仁宗的一纸诏书召回京城。奈何天意弄人，就在晏殊离家不久后，其母也因病亡故。

短短数年，与晏殊最亲密的三位亲人相继离世，这对他造成了沉痛的打击。

生活对晏殊的残酷打击并不止于此，在爱情的路上，词人走得似乎更为坎坷。他的结发妻子是同样出身官宦之家的李氏，却在成婚后三年撒手西去。此后，他续弦的孟氏也在陪伴他十三个春秋后逝世。

《诗经》云："执子之手，与子偕老。"但感情上的不圆满始终是晏殊心中永难抹去的缺憾。后来，王氏成了他的第三位夫人。

古时，官宦人家都难免养有一两个歌伎，晏殊亦不能免俗。据传，晏殊家中有一个歌伎长得姿容绝丽，颇善吟唱，晏殊对她喜爱有加。但由于新来的夫人对她颇为嫉妒，无奈之中，晏殊只得将她转卖。许是文人的怜惜恻隐之心，当晏殊从张先所写词中窥知该女子无以谋生、流落街头之时，又毅然将其召回家中。

既然身后的世界早已失去流光溢彩的颜色，生命中的重中之重也已经一去永不再来，那么又何苦将自己囚禁于痛苦的牢笼，将心置于干涸的枯井当中呢？

人生漫漫，若有爱人一路同行，当是一大快事。然而，这对晏殊来说，似乎显得有点儿遥不可及，宛若空中楼阁。晏殊虽一生荣华，备受尊崇，但在文学和政治上获得很大成功的他，却始终无法在感情上觅得一方圆满，反而一路磕磕绊绊，命途多舛。这些经历让晏殊对生命与生活有了很多思考，他总在把酒言欢的时候产生淡淡的忧愁。

尽管感情不遂，但豁达雍容的晏殊从未就此自怨自艾，叹命运不公，反倒用手中的笔，自写淡泊之态。如果你曾仔细翻阅过晏殊留下的词章，无一不是雍容而典雅，神清而气远，风流而蕴藉。

这便是晏殊了，他用“诗情消解”的方式，立足于现实思考着人生。比起死亡或归隐的消极避世行为，他似乎更擅长用爱疗伤，用情写锦绣词章。

目录

目录

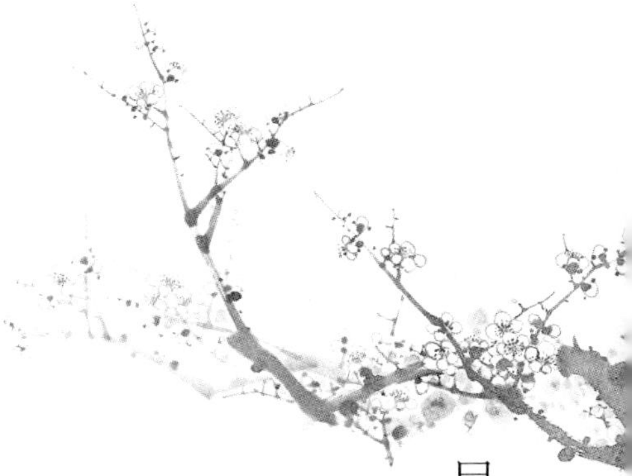

目录

第一章

年少德高　犹记青春好时光

神童·天资聪颖

公元991年，春日时节，柳条在风中柔媚地摇摆着，远处的山水笼罩在薄雾之中,暖风吹拂着大地，芳草萋萋一片，花朵上的露珠晶莹剔透。乡野的早晨寂静而美好，空气里散发着泥土的清香，夜的沉寂在一声声嘎吱嘎吱的开门声中渐渐隐退。

有一个满庭鲜花盛开、绿树成荫的院落，整夜都异常热闹，终于在红日爬上了山顶之时，从房间内传来一阵清脆响亮的啼哭声，一名男婴呱呱坠地。生命的到来远远要比完结欢喜得多，新生命的降生，为彻夜不眠焦急等待的亲朋好友带去了喜悦和欢乐。这个婴儿虽已不是家中的长子，但其父母却如同初为人父人母般喜悦。

晏固，婴儿的父亲，此时正在衙门担任押运官，生活虽谈不上富足，但是一家人生活幸福和谐。形成鲜明对比的是，另外一间房内安静祥和。简朴的木床之上熟睡的孩童，揉了揉惺忪的睡眼，美好的一天就这样开始了。

那双天真无邪的眼眸中，倒映出童年时代的美丽和趣味，隐隐约约预示着成年之后的离别与哀愁，在他年幼的心中或许根本就无法知晓也无从理解，正是这个出生的弟弟，让晏氏一族名满天下，从此家门常盛。

晏氏一族的传奇故事并非在这位刚出生的婴儿才开始。早在公元880年黄巢起义时已经溃不成军的唐朝军队做着最后的无谓挣扎，两军你进我退，北上南下反反复复，硝烟弥漫中，百姓都深居简出，唯恐招惹是非，可一位姓晏的老汉却别出心裁，主张鲜明地赞成自家的儿子出门闯荡。这位老汉便是晏殊太祖的父亲晏墉，而意欲出门的儿子正是家中的独子——晏殊的太祖。

于是，晏殊的太祖挥泪告别了父亲，踏上了博取功名、光耀门楣的征途。而年过半百的父亲在家中等候着儿子功成名就荣归故里。能有这样一番胸襟和见识的老汉自然不是凡夫俗子，实际上，晏墉确实有一番来历，他是唐朝进士，曾经在江南西道观察判院任职。老人家虽然官阶不高，却满腹经纶、学富五车，尤其精通天文地理，对风水周易颇有研究，算得上是一代学士。

晏殊的太祖一路翻山越岭，跋山涉水，看山水江川风光无限好。有一天，他来到一条河边，柔柔的晚风迎面而来，吹走了他一身的疲乏，鸟儿啼叫归巢，渔舟纷纷归航,江面歌声四起，一幅和谐静美的画面，让人好不迷醉。

吃完晚饭之后，躺在客栈的床上，听着虫鸣蛙叫，他逐渐进入梦乡。在睡梦中迷迷糊糊的好像有人对着他念了一首诗："白鹤池中舞，仙人下象棋。有人遇此地，世代着朝衣。"次日清早，晏殊的太祖醒来，想起梦中之人所语，若有所思，心里十分纳闷。带着疑惑他继续踏上了游历的旅程。

走了半日，他来到了门家港，驻足歇息，抬头看见远处山峦重叠，黛色的山峰耸入云霄，天空飘荡着朵朵白云，天空之下小户人家的屋顶升起袅袅云烟，真是一幅动静结合的美图。

三百多年前，那位鲜衣怒马的白衣少年，正是在这里卷起袖口，挥毫即书，留下了脍炙人口的诗句："落霞与孤鹜齐飞，秋水共长天一色。"原来这个以陶瓷造船和农业闻名的地方，竟丝毫不逊色于自古繁华"有三秋桂子，十里荷花"的钱塘。

见此情此景，晏殊的太祖心中赞叹不已，当他转身而立，映入眼帘的是两只白鹭水中嬉戏，水边两位放牛娃正在下着棋，这不正是昨夜梦中的情景！这般风水宝地，太适合居住了！梦中的那人不是还说，居此地，可以世代着朝衣吗?

待他歇下脚来，找地方填饱了肚子，仔细打听之后才知晓，这是当地富豪张员外家的地盘，定居的想法瞬间化作泡影。夕阳西下，一声声叹息不绝于耳。

正在嗟叹之时，不远处一位曼妙的少女款款走来，鹅蛋脸，秋水眸，远山眉，小口若樱桃。晏殊的太祖此时正值风华正茂，眉清目秀，儒雅风流。两人乍见之欢久处不厌，一段才子佳人的风流传奇故事就这样开始了。

郎情妾意，到了谈婚论嫁之时，张氏啼哭不止。待问清原委之后，张员外啼笑皆非，原来是因为女婿是外乡之人，女儿不舍离开双亲，远嫁异乡，于是张员外将二人初见之地作为嫁妆送给女儿。就这样晏殊的太祖便顺理成章地得到这块风水宝地，并从此定居下来，繁衍生息。

由于村庄里生活的人口并不是很多，也给村子保持了难能的安宁静谧。黛绿的青山，徐徐清风拂面而来，隐约可见青山之上摇摆的树叶，一条清澈见底的河流倒映着翠绿的树叶，犹如一条玉带环绕着青山。

在这里，没有烟柳画桥的那般诗意，也没有风帘翠幕的小巧精致，更没有生活着参差的十万人家，可就是在这样的一块风水宝地上，后来涌现出了无数的名流贤士。在这块安详美丽的地方有“乘长风破万里浪”的英雄，也有一人之下万人之上的宰相名贵，更有风流潇洒的才子。

那时“门家港”虽不是顶级繁华的城市，可却是个人才辈出的地方，风流人物数不胜数，有才学的书生、有谋略的商贾云集于此。子孙后代加官进爵光宗耀祖是每一代族人的念想和期盼，可是谁会想到数十载之后多少人遥不可及的高台宰相，竟会是晏氏的子孙？

那位能赋诗、擅长写词，文章典丽公正，书法隽秀大气的宰相文人晏殊，将一世的风流婉转留给宋朝京都，却将美丽与哀愁透过他的词曲传递给后世。

在沙河村翠柳掩映的溪边，一块青石板下时常传出窸窣响声，谁也无法分辨这是什么声音，却日日都要响上一番。久而久之这响声也成了大家午后议论的闲话。

一日，村民们请来风水先生解惑，按照风水先生的答复，这青石板下有灵物栖息，响声便是这灵物发出来的。风水先生还特意叮嘱村中男女老少，千万不可私自将石板打开，以免惊扰了圣灵。

但当时，晏固还是个少不更事的少年，而且，从来都不缺乏好奇之心。每当经过溪边柳下的青石板时，他都忍不住停下脚步，侧着耳倾听那神秘的窸窣声。有一天晏固感觉青石板下的响声不同于往日，窸窣声变成了咕咕的叫声，还有类似翅膀扑打的声音从青石板下传来。

终于，晏固忍不住好奇，环顾四周正好无一人，于是他一步一步走近柳树，响声越来越清晰，迷惑和好奇迅速膨胀。在好奇心的驱使下，他竟然将青石板撬开了。忽然，一只雪白的鸽子从青石板下振翅飞出，并朝着东南方向飞去，一会儿便不见了踪迹。

当时年纪尚轻的晏固被飞出的那只洁白的鸽子吓坏了，他赶忙盖上青石板，可是谁知还有一只鸽子扑腾着翅膀准备借势飞出，而正在这时青石板合上了，那另外一只还没有来得及飞出的鸽子，便被青石板压住了一只脚。

晏固被那只飞走的鸽子吓得魂不附体，惊魂未定之时却发现还有一只，不由得心虚惊惧奔走而回。他告诉邻居这件奇异的事情，邻居纷纷惊讶不已，不久之后这件事在沙河村流传开来。最后越传越神奇，据说，正是这只往东南飞到吉安的鸽子，才演化出了后来的文天祥。

而那只正欲展翅飞翔却被压住脚留在沙河村的鸽子，就是晏殊。据传，晏殊腿有隐疾，便是因这青石板之压所致。

历史的传说总是扑朔迷离，可就是那一点模糊不清的痕迹，却支撑着后来无数人的探索和好奇。

如此，七年已过，时间到了太宗至道三年。雨后天晴，朝阳初上，梨花淡白，柳絮轻柔。那个全家为之欢喜的婴孩如今已经七岁了，与他同龄的孩童都比他壮实高大，而他偏偏瘦瘦小小，这让他的父母十分担忧，好在至今健健康康没病没灾。

其实，就在几年前，三四岁的晏殊不会说话，也不会走路，这让全家人都十分担忧，晏固和妻子怀疑这个孩子天生智障，长大了肯定是残疾。一时间可急坏了家人，一家人着急忙慌地请来了郎中，郎中什么也没说，摇摇头便离开了。既然郎中治不好，长辈们又建议请算命先生占卜，算命先生一番折腾之后摇摇手留下四个字“无药可治”。

再怎么样家里可不能有一个残疾的孩子，思虑再三，晏固做了一个无奈而狠心的决定。

为了家族的颜面，晏固和妻子决定将年仅三岁的晏殊送走遗弃。

这一天正值端午，晏固与妻子为三岁的晏殊沐浴更衣，带上粽子和雄黄酒，一切准备妥当之后，晏固抱着晏殊来到河边。想到自己的儿子将要被自己亲手遗弃，晏固不禁潸然泪下，就在这时，许是看到这么多鸽子的小晏殊太激动了，晏固怀中的他突然间开口说话了，他跟自己的爹爹说看到了好多鸽子。

晏固不禁四处张望，可除了自己与不会讲话的儿子，实在没有其他人！晏殊挣扎着要离开父亲的怀抱，摇摇晃晃地走向河水，还用稚气的声音开始数鸽子的只数。晏殊盯着河边的鸽子嘟哝着，晏固睁大了眼睛，掐了一把自己的大腿，确定不是梦境之后，欣喜地带着晏殊回到家中。

亲朋好友闻讯赶来，十分惊讶之余，大家都纷纷道喜。亲朋好友、街坊邻里七嘴八舌话起家常来，场面甚是热闹。而此时的晏固却陷入沉思之中，如今儿子已经三岁多，还叫乳名有伤大雅，是时候取个名字了。

父亲晏固对于这个孩子格外地喜爱，因此取名也是颇费了一番周折，仔细思量，既然是大家都偏爱的、喜欢的、特殊的、不同的，那么就叫晏殊好了。殊者，为不同，晏固希望这个孩子以后能有过人之处，做个与众不同的人。

就这样，那个出生在草长莺飞、繁花盛开季节里的婴儿，有了一个特殊的名字。在往后的人生里，他也的确没有辜负父亲的一番期望，成为了一个有所作为、异于常人的人。在场的众人谁也没有想到，这个一度被认为是痴傻的名叫“晏殊”的孩童，日后会成为权倾一时的宰相，闪耀着天下人无比羡慕的无限荣光。

晏殊小小年纪便十分好学，看见哥哥晏融的书本，会情不自禁地捧着认真看起来，捧起来一看就是几个钟头，常常忘记其他的事情，心无旁骛，全神贯注。父亲被老二的这份认真打动了，小小孩儿静得下心、坐得住，已经是难得。深感欣慰的他看见晏殊这般勤奋好学，便让晏殊与哥哥晏融一同前往附近的私塾念书。

谁也没有料到，四五岁的晏殊有着过目不忘的本领，先生诵读了一遍的文章，晏殊竟然能一字不漏地背诵下来。私塾先生又惊又喜地去找晏固，话里话外都是赞赏，认为晏家二公子天资聪颖，将来必成大器。

私塾先生饱读诗书，才华横溢，当时在地方上也是小有名气，能得到他的赞赏，晏固一家人自然是欢喜得紧。渐渐地晏殊过目不忘的本领便在乡村中流传开来，人人皆知晏家二公子天资聪颖，过目不忘，乃一奇才。

很快，少年晏殊凭借着聪颖的天资，成为村中家喻户晓的人物，晏固与妻子都以能有这样一个出色的儿子感到骄傲，夫妻二人也越来越宠爱晏殊。作为父亲，虽然晏固也曾是少年天才，可一直到三十多岁，都未能担任重要官职。此时他也只是抚州河上一个小小的押运官，这并非是一份适合他的工作，但他无能为力，只能任命运摆布。

孩儿为父母所盼，生子若晏殊，实在是晏固此生最大的安慰。晏固在晏殊的身上仿佛看见梦想的未来，而晏固也知晓，晏殊比一般儿童聪慧是上苍不可多得的恩赐，要想有一番作为还需后天不断地学习和努力，于是晏固自此，更加关注晏殊的学业。

从《千字文》到《孝经》，从四书到五经以及《左传》，在父亲晏固的要求下，晏殊都一一详读，反复琢磨。琴棋书画的熏陶和训练自然不在话下，否则，何来晏殊日后的儒雅潇洒之风度？

相传，五岁时，晏殊便能题诗作对，七岁时博览群书，出口成章。许多比他年长的秀才难以望其项背，更不用说与他同岁的孩童。很长一段时间里，在沙河村竟无一人能与他比肩。

再往后，晏殊的名气越来越大，神童的名号家喻户晓。虽然早已成为名副其实的神童，但当时年少的晏殊丝毫没有自鸣得意，没有放松对知识的追求，他依然沉醉在浩瀚的书海里汲取知识的养分。

无法想象晏殊的光芒在当时是有多么耀眼，以至于，年长他数岁的哥哥晏融与之相较，便显得普通得不能再普通了。实际上，哥哥晏融也自幼聪慧，私塾先生也时常夸赞他一点就通，勤奋好学，可是尽管这样，世人对他的好奇与赞美远远不如对他的弟弟晏殊。

既生瑜何生亮，命运总是那么无常，前一秒还是那个让父母颜面尽失的痴傻小儿，下一秒就变成了名满天下的神童。不得不说，很多时候，都是冥冥当中注定的。虽然，晏殊的出现让晏融失去了父母的专宠，但这似乎丝毫没有影响兄弟二人的情谊，晏殊对父母百般孝顺，对兄长多有尊重敬爱，一家人幸福美满，其乐融融，生活得很开心。

暖风晴雨初破冻，春风吹绿了大地，一时间田野上，小溪旁的草芽儿都幽幽地探出了小脑袋，南方的茶树冬眠了整整一个冬天，被春雨轻轻一浇，便苏醒过来吐出嫩芽，漫山遍野一派生机勃勃的景象。眼下，又迎来一年一度的江南采茶季节。

刚刚六岁的晏殊整日埋首于晦涩典籍，春风拂面而来，孩童的活泼天性显露出来，他终于抵挡不住满园的春色的诱惑，决定走出书房感受春天醉人的景致。

春天的美丽化作丝丝细雨落在晏殊天真的心间，美丽和哀愁的种子在他年幼的心中逐渐发芽，他跟着大哥晏融一起去自家的茶园玩耍，在茶树下奔跑，像一头欢快的小鹿。

锋芒·一切才刚刚起步

让我们将时光退回一年，回到至道二年，作别了暮春，迎来一年端午时节，杨柳青青，梅子将熟，细雨绵绵，抚州河水涨船高。小雨初晴，寻常人家，煎煮新茶，闲谈品茗，清闲安逸。然而，晏家的院内又是一片喧哗，可是这次并不是可喜之事。

三江口，一向都不太太平，时常有强盗出没。这日，晏固押送着供奉给朝廷的新茶，正领着一队官差向三江口走去。作为抚州押运官，这是他的本职工作，虽然担心强盗，但也只得硬着头皮上。正是担心什么来什么，眼看着只要平安经过三江口，就可以将茶叶交接给省城的茶盐司，结果路旁就蹿出了一伙蒙面强盗。不敌之后，晏固只能眼睁睁看着新茶被抢光，却有心无力，真真是又恼又怒。

丢失朝廷贡品本属失职，接受惩罚本是在情理之中，可与晏固一同护送茶叶的同僚却为了自保反咬一口，指证说晏固与水贼私通，抢走了上好的茶叶。一向老实的晏固面对同僚的指证顿时大惊失色，还没等他开口辩解清楚，左右两个人高马大的衙役便将他架入牢房。

三江水被通红的晚霞染成红色，夕阳渐渐斜了下去，只剩下红彤彤的半个脸庞还迟疑地挂在山头，远处传来乌鸦苍凉的叫声。

晏家餐桌上早已备好美酒佳肴，一家老小等着晏固回来用餐，可是左等右等不见人。夜色微暗的时候，只见一位与晏固交情颇深的同僚，脚步沉重地踏进了晏家大门。待来人神色慌张地开口说明事情原委，大家明白了晏固为什么今天没有和往常一样回来吃晚餐。

未等来人将话讲完，晏殊的母亲便号啕大哭起来，晏殊的哥哥晏融听见母亲绝望的哭声，也慌了手脚，开始愤怒、哭泣，顿时家中一片哀号声。

晏融此时十二三岁，晏殊也只有六岁，小晏殊知道父亲生性淳厚正派，断然不会做出此等卑劣之事，于是开口安慰母亲，莫要伤心保重身体，父亲肯定是被人栽赃陷害，自己明日去衙门击鼓鸣冤，想办法救父亲回来。

一番劝慰之后，晏殊总算安抚好母亲。在一家人的慌乱惊恐中夜幕降临，窗外皎洁的月光洒进房间，格外明亮，小晏殊一宿无眠。

抚州知府素来以廉洁公正为百姓所爱戴，他对晏固的品性十分清楚，心中知晓晏固不会做出这般不知廉耻之事，只是人证、物证俱在，若是偏袒只怕难以服众，只得先将晏固收押。

知府大人思考了一宿也没有想出万全之策。晏殊早早地就在府衙门口击鼓鸣冤。衙役还未从睡眠中完全清醒，出门看见是一位高不盈三尺的孩童，以为是谁家的小孩闲来无事玩耍，匆匆看了一眼，便关上了大门。

晏殊焦急万分，好不容易才熬到早晨，岂有撤退之理。于是再次将府衙门口的鼓击响。这下晏殊不等衙役开口，十万火急一口气说明了来意。但衙役显然一时之间没有明白面前的幼童所言，于是晏殊未等衙役消化完自己的一番话，便迅速地溜进了府衙。知府大人抬头看见一个眉清目秀、儒雅瘦弱的孩童朝自己走来。只见面前的孩童十分有礼貌地朝自己鞠了一躬。

知府大人仔细打量着眼前的孩童，其眉眼还真像晏固，猜想这就是晏固的次子，那个过目不忘、聪明绝伦的晏殊。他早就想找机会试探一下这个被众人捧为神童的孩童是不是徒有其名，于是开口说道："黄口小儿岂能乱闯？"想看晏殊做何反应，晏殊快速地接道："朱门太守不得胡来。"

听到这对仗工整的下句，知府大人会心一笑，心想果然是个神童，小小年纪竟有如此才华。知府心中正在诧异不已，只见小晏殊连忙跪下叩首，请求明察秋毫的知府大人为其父昭雪。

知府见晏殊这般小小年纪便举止有礼，如此勇敢，加之言语动情，心中顿时生出怜爱之情，连忙扶起双膝跪地的晏殊，劝慰了一番。见到知府大人如此平易近人，晏殊不禁破涕为笑。

劝慰归劝慰，这位博学的知府还是想考验一下晏殊的才学，让他以府衙门前的白塔和小松树这二物为题，作诗一首。

晏殊凝望着白塔和松树陷入沉思，片刻之后，吟咏道：

白塔青松古道栖，
塔高松低不能齐。
劝君莫笑松树小，
来日松高塔更低。

好一个黄口小儿，小小年纪心中竟然能有如此丘壑，有见地有高度。知府听罢，不由得在心中默默赞叹面前矮小的人儿文思出众，有七步之才。其所吟出的诗句不但工整，而且颇有哲理，若没有宽广的胸怀和雄伟的气魄只怕难作此诗。年方六岁便有如此胆识与才华，不由得让人为之赞叹。

晏殊的赤子之心和过人才华打动了知府，出于一片爱才之心，他决定满足晏殊救父的愿望，重新撰写案卷，将晏固的罪责尽可能地减轻，并附带上许多证据，尽他所能将事情原委写清道明。最终，皇帝给出了令人欣慰的批复：照准。回文一到，知府便命牢中衙役释放晏固，只是罚了两月的俸禄作为警醒。

六岁的晏殊吟诗救父，一时之间成为十里八乡的美谈。这件事更加奠定了晏殊在父老乡亲眼中的神童地位。尽管被众人追捧为难得一见的神童，但晏固与妻子都希望晏殊有一天能学有所成，在朝中谋得一官半职光耀门楣。于是双双鼓励晏殊安心念书，专修儒家经典，兼顾诗词歌赋，琴棋书画也是一一学过。

命运的长河里，很多相遇都是冥冥当中早已经注定好的吧，就如刘备三顾茅庐，于是有诸葛亮临危受命，指点半壁江山。晏殊是一块上好的璞玉，但是仍旧需要有人跨越万水千山，穿过纷杂的人群，去一步步靠近他闪耀的光芒。

咸平六年，李虚己上疏真宗，言双亲年纪已大，自己需要在旁赡养，希望真宗能调他前去洪州，出任通判一职。真宗嘉其孝心，遂准。李虚己本是朝廷大臣，任尚书屯田员外郎，虽是六品官员，但这个职位并不是实际掌权者。

就是这个名不见经传的官员，后来成为了晏殊官场生涯中的第一位伯乐，对晏殊不仅有着知遇之恩，还成为了晏殊第一段婚姻的牵线人。递交的申请获得朝廷批准之后，李虚己欣然回到家乡，成为推销故乡民俗风情、地方土特产的专业人士。

李虚己的故乡在福建建安（今建瓯市），是“龙凤团茶”的原产地，这种茶因工艺精致、制作过程繁复故而产量极少，每年产出的为数不多的茶叶，主要被送进皇宫敬献给皇帝。

进了宫的“龙凤团茶”因为取名用意极好，有时候也会被用来分赐给宫廷宠臣或嫔妃。

都说一方水土养育一方人，出生在这般风景优美、钟灵毓秀的土地上，李虚己养成了开朗乐观、潇洒不羁的脾性。正是因为追求潇洒快活的生活，李虚己才自愿远调京城。没有京城的繁华喧嚣，纷繁复杂，自然也就多了一份清幽自然，这是李虚己向往已久的。

唐朝后期藩镇割据严重，外地将领拥兵自重，在军事、财政、人事方面不受中央政府控制，最终导致辉煌一时的大唐走向衰亡。赵匡胤建立宋朝之初，遂“杯酒释兵权”，在觥筹交错的酒宴上，对那些跟随自己出生入死，拥戴自己登基的武将以高官厚禄许诺，并承诺荫佑其后代子孙，然后将这些武将的兵权收了回来。自此，大唐分裂割据的局面已经翻过一页成为历史，分化权力的举措加强了宋王朝的中央集权统治，通判之职位正是在这种情况下设立的，主要的职责就是管理士兵和百姓、钱粮五谷、人丁户口、赋税徭役、狱讼听断等一些事，可以行使裁决的权力，和当地的守臣同时签了文书就可以执行决定。

简而言之，通判就是辅助知府管理兵民的赋役和户口狱讼等相关政务，对于上述论及的政务，必须要有通判盖章之后才能签发生效。这其实也是宋朝为了加强对全国各地的管辖而设置的一种官职。在一定程度上，通判的设立可以达到权力的制衡，提高行政效率。

作为洪州通判的李虚己，早早地到任，迫不及待地欣赏江南烟柳美景。但作为朝廷命官实在不好表现得太过沉迷留恋山水，于是一路山水一路花柳，美其名曰：熟悉山水地理及民风民情。晏殊作为尽人皆知的“小神童”，理所当然成为李虚己的座上客。

听罢关于晏殊救父和过目不忘的奇闻，李虚己早就按捺不住心中的好奇，迫不及待想与晏殊相见。待到相见之时，李虚己“一见奇之”，面前这个清瘦矮小的人儿不骄不躁，气定神闲，有着与年龄不相符的沉稳。

李虚己见晏殊与同岁其他孩童不同，一张稚嫩的脸上并无惊恐欣喜之色，心中暗生怜爱之情。狂喜之下李虚己竟许诺将女儿许配给晏殊。晏殊听见李虚己如此许诺面露诧异之色，连忙礼貌拒绝，说自己尚未到娶亲的年纪，当以求学读书为重，李虚己听后更觉晏殊是不可多得之才。

既然遇见千里马，岂能不做伯乐之事？当时的李虚己诗文俱佳，开始对晏殊耳提面命，悉心教导。李虚己早年作诗虽工整，但念起来却无抑扬顿挫之美感。曾致尧与李虚己宴乐酬唱时，曾指出其诗念之“哑”而不“响”。

李虚己直到看见南朝文学家沈约《宋书·列传二十七》中“若前有浮声，则后须切响”之论句，方知晓作诗之道。从此以后，李虚己就精心研究格律，最终凭借十卷《雅正集》这样的著作留名于青史。聪慧的晏殊有“精于格律”的李虚己教导，一月月、一年年学有所成，诗艺见长。犹如一颗星在白昼尽情吸收了太阳的光芒，于是在暗夜中逐渐闪耀出璀璨的光芒。

当时的李虚己虽早已不在京城为官，可为人随和的他在京城曾交过许多才华横溢身居高位的官员，曾致尧便是其中一位。李虚己与京城好友一别千里，山高水阔路途遥远，平日离多聚少，唯有鸿雁传书。在书信中，李虚己对得意门生晏殊颇多赞赏之词，甚至有时还在给友人的信中附上晏殊诗作，请好友点评指正。曾致尧看着友人寄来的一纸字墨，不断在脑海中想象着这位“神童”的模样。虽然此时，晏殊还在家乡勤奋学习，可“神童”之名却早早传入京城，这也为后来晏殊备受赏识，平步青云，埋下了伏笔。

真宗年间，已年逾花甲的曾致尧踏上南下之路，虽为公却也为私。接到友人即将来访的书信，李虚己欣喜若狂，远行数十里去迎接这位远道而来的客人。一路上李虚己与曾致尧从诗词歌赋，谈到琴棋书画，再谈到江山社稷，二人丝毫不知疲惫，受限于书信之事如今都尽数说出。

古有徐孺下陈蕃之榻，而今曾致尧南下岂会不入李虚己之府！于是，你一言我一语来到了李虚己家中。曾致尧刚踏进书房，只见一位少年正埋首看书，不禁吟道“圣贤书中求富贵”，沉醉于书海的少年，没来得及转头便接了句“龙虎榜上争魁豪”。

待到晏殊转过头来，李虚己向晏殊介绍了来人曾致尧。晏殊谦虚地弯下腰拜见曾致尧。曾致尧打量着面前的少年，虽矮小却不孱弱，虽满脸稚气未退，眼中却闪耀着智慧坚毅的光芒，心中十分赞赏。

虽然已经得到了曾致尧的激赏，但晏殊丝毫没有放慢学习的脚步。寒来暑往，光阴如梭，时间悄然来到了景德元年。对于江南的黎民百姓来说这一年是苦难的一年，因为当时气候异常，干旱异常严重，以致江南各地颗粒无收，饿殍遍地。

可对于少年“神童”晏殊来说，这一年却是美好的一年，因为在这一年，他遇见了他生命中的第三位伯乐——张知白。

张知白进士出身，一生辅佐了三位皇帝，是中国古代清正廉明官吏的代表人物，司马光在作品《训俭示康》当中，尊称其为“大贤”之人。

当时的张知白接到南下指挥赈灾的任务后，一路上马不停蹄，赶到灾区，开始指挥赈灾。他一边下令开仓赈灾，一边命人挖土掘井寻找水源，同时指导百姓抢收抢种。也许是他的诚心令上天感动不已，终于下了雨，缓解了江南一带的旱情。

张知白倾尽全力领导指挥灾区抗旱，作为通判的李虚己亦全力配合张知白的救灾工作。待到旱情得到缓解之后，李虚己便邀请张知白到府中做客。张知白欣然前往，来到李府，他见到了那位外界传言被李虚己收为爱婿的“神童”晏殊。

自古以来，神童从不缺少，在他们之中，有恃才傲物、自命不凡的张狂者，有抱残守缺、不知变通的书呆子，更有才思敏捷，但不思进取泯然众人的仲永。然而张知白眼前这位秀气的年轻人，给人一种清冽之感，就如夏日里繁盛的香樟树，看似朴实却也让人眼前一亮。

张知白见晏殊小小年纪便出类拔萃，聪慧过人，赞赏李虚己慧眼识英才，并在心中悄悄打定主意，日后时机成熟，一定提携这个俊秀的后生。

旱情得到了控制，张知白即将踏上返京的旅程，山长水阔，路途遥远。随着张知白返回京城，晏殊的命运即将改变。

帝都·冶游最是风流

才华横溢、少年壮志之人何其多，但并非每一位都能施展抱负，否则文学史册之上，何以有那些落魄失意的诗词歌赋。

晏殊，字同叔。古人取字方法数不胜数，有字与名相通的，有二者同义反复的，有二者连义推想互为辅助的，也有相顺相延互相补充解释的，但晏殊的名与字却是截然相反的。取得如此矛盾，在一般人看来，名字的主人只怕注定一生不会平坦。在千年之后的今天看来，正是这五十余载仕途沉浮的人生经历成就了他传奇的一生。

千余年前的景德元年，野草苍茫，长亭更短亭，骏马飞驰过一个个北国的驿站，马蹄惊起一阵阵尘土，高空的流云遥不可及。而京师一次又一次的地震激荡着北宋子民敏感的神经，这震动虽没有翻天覆地，可在黎民百姓看来这似乎是上天对大宋的惩罚。

大宋虽一统华夏，可北辽契丹却拒绝归顺，契丹族气焰愈烈，边疆战事一触即发，虽卧榻之侧不容他人鼾睡，可宋太祖赵匡胤和宋太宗赵光义在世都没能降伏契丹，宋真宗自然也无可奈何。

宋与辽之间战事不断，百姓深受战争之苦，怨声载道不绝于耳。这一年秋天辽挥军南下，欲攻打威虏军、顺安军，大宋猛将魏能打败了辽军，辽军战败转而去攻打定州，大宋朝的将领和士兵们，却按兵不动，不做回应。如此一来，辽军的气势愈加高涨。

当战事告急的文书送到宋廷之时，宋真宗原本想南下金陵再与辽言和，但是时任宰相的寇準却认为此举不妥，不应该就如此向辽军示弱，而应当给予痛击。因此，他主张宋真宗御驾亲征，开赴前线。辽军昼夜不停地攻城，辽圣宗与萧太后亲自击鼓为众将士鼓舞士气，但是这城最终还是没有攻下来，全军将士三万余人都阵亡，辽不得不撤兵。本欲南下金陵的宋真宗此时亦来到澶州，亲自督战鼓舞士气。

辽师进抵澶州，想从三面围城，但宋将李继隆早已在各处关卡要塞以强弩伏击。又，辽将萧挞凛刚愎自用，弃重甲骑兵而以轻骑攻城，结果被守城的威虎军打败，萧挞凛亦被军头张瑰以床子弩暗中击中头部。当天晚上，萧挞凛就因受伤过重，不治身亡。顿时，辽军士气大挫。辽恐腹背受敌，提出和议。宋真宗素主议和，派曹利用赴辽谈判。于十二月与辽订立和约。

于此和约中，辽宋虽约为兄弟，但辽为长，宋次之，且宋每年输“岁币”十万两白银、二十万匹绢给辽国。唯一欣慰的大概是边界不再含糊不清，界线分明，并明示双方在现有之基础上不得随意侵占。和约签订后，辽国退兵，宋军返朝。

这一年，南方持久的旱灾与北方连绵的战事，一点一点打击着天朝子民的自豪，而宋真宗经历了迷茫与恐惧之后，终于平息了战事，可以继续享受九五之尊的荣耀，华夏大地也迎来了光明与安定。

在北宋的首都开封，宋朝帝王将相和后宫佳丽及黎民百姓都沉浸在无与伦比的喜悦之中。在除旧迎新的爆竹连连响起之时，张知白满面春风地回到京城，古稀之年的张知白指挥江南抗灾取得了胜利，这给刚刚抗辽胜利的宋真宗喜上添喜，一时间市井朝野欢呼一片，到处是一派热闹的景象。

辅政三朝清正廉明颇有功绩的张知白深得真宗青睐。他这种资历颇深又造福百姓的廉洁之官，话语在御前总有一番重量。

张知白回到家中，脱去朝堂之上的官服，看着奴仆奉上的茶水，素烟袅袅，清香扑鼻，不禁想起远在江南的友人李虚己。早朝时张知白向圣上推荐了李虚己之徒晏殊，令他没想到的是，圣上竟然答应得极为爽快。

放下手中的茶杯，张知白拿起书桌上的笔，迫不及待地告诉远方的友人这个好消息。待李虚己收到张知白的书信已经是大半个月过去了，潇洒飘逸的字迹倾诉着来信人的喜悦和得意。

对于尚且年幼的晏殊来说，这份喜悦相较于李虚己显然逊色不少。此时的晏殊，尚未涉足官场，也未历经人世沧桑，并不是十分明白这其中的荣耀。他唯一明白的是，某一天能走上仕途，日后可以为国为民，也好光宗耀祖，圆父母一个愿望。

可对于混迹官场几十载的李虚己来说，不经过吏部的层层考试，便能面见圣上，这是何其幸运，需要怎样的天时地利人和才能实现？但是十四岁的晏殊做到了。在李虚己的心中艳羡之情油然而生，他在徒儿脸上看到的是波澜不惊，这使得李虚己更加坚信，他煞费苦心为爱徒所做的一切是值得的。

想着不日爱徒便要进京面圣，李虚己便觉时日不多，不由得更加严格地训练晏殊。虽然此时春节的热闹喧嚣尚未散去，但李虚己早已闭门谢客，找来晏殊，向晏殊讲述了一系列可能碰见的考题，并嘱咐面见圣上需要注意的一切事宜。

阳春三月，花蝶烂漫，莺啼燕语。如此旖旎的春光，最容易惹起人心底的懵懂。自古少年风流和旖旎春光，最是合契。少年儿郎，意气风发，就如那草长莺飞的春光，充满着勃勃生机与活力，这明媚如朝霞的青春时光，正好可以纵马游乐、仗剑天涯。

次年三月，阳光静好，芳菲满园，空气中弥漫着浓郁的馨香，真真是江南最好的季节。早在去年寒冬，张知白向真宗引荐了“神童”晏殊。如今已经到了五月，晏殊也赶到京城等候那改变他命运的“初见”。

冶游之风早在唐代就已经盛行了，在宋代更盛。真宗认为：天下太平，社会经济繁荣，不盛行冶游之风，怎么能证明大宋朝的国力强盛，千年盛世呢？

十里长街，繁华喧嚣，烟花巷里，红裙绿衣与风雅白衣相携，尽数风流。这便是宋朝，千百年来最数烟花风流的一个盛世，纵酒欢歌，冶游风流。有人说，宋朝是一个有机会去怀念繁华的年代，因为它本身就云集了太多炫目的元素。

也许是人们更想怀念恢宏阔气的大唐之风，文人雅士们更喜欢将身为宋朝之都的开封，称作长安，以沿袭那磅礴包容之气，而这也立马给这个精致如小家碧玉的帝都，添上了山长水阔人风流的浓墨重彩的一笔。

少年晏殊总算是来到了帝都，这个被无数诗词人士咏诵的江南名地。十四岁的晏殊与一千多名进士一同进入宫殿参加考试，等到试卷拿到手上之时，晏殊嘴角露出了淡淡的微笑，心中的紧张此时一扫而空。这不就是老师曾教授过自己的题目吗？

抬头望望与自己一同参加考试的同伴，有人局促不安东张西望，有人皱眉思索半晌未下笔，也有人聚精会神专注书写，而晏殊却气定神闲毫不怯场，提笔而就，文不加点。

考生们的试卷悉数上交，真宗记起张知白曾提及的“神童”，便命人从千张考卷中抽出“神童”晏殊的试卷，真宗一边看着试卷一边不住地赞叹，认为晏殊见地不凡，文采斐然，真乃国家栋梁。

听见真宗如此夸赞，过目晏殊试卷的几个官员也赞不绝口，真宗见有如此奇才，各位官员也都一致认同，便赐他同进士出身。话音未落，只听见一声“且慢”，真宗未见其人却早已知晓这声音的主人，这不就是当年平定契丹的功臣寇準吗？

其实寇準并非昏庸无为之人，这位出自书香门第的少年天才，十五岁便精习《春秋》。少年时期的养尊处优与春风得意使得他性格刚直，在朝为官时他树敌不少。

他曾两度入相，在位时清正廉明治国修身，辉煌时澶渊退敌官居显位，落寞时舟车劳顿贬谪他乡。这样一位劲正清约的贤相为何不看好青年才俊晏殊，问题的答案早已随着一代贤相张知白的逝去而消失。

如今只能循着史书典籍的陈墨揣测古人的心意，景德二年（公元1005年）与晏殊一同在崇政殿内应试的有一个与他一样以“神童”“少年天才”之名而受到推荐的少年。这个少年便是大名府之姜盖，姜盖当时只有十二岁，比晏殊还小两岁，他以俊秀闻名天下，因此也得到面圣的机会。

晏殊当时写了一首词、作了一首赋，姜盖也拿出了自己的作品，晏殊所作词赋华美而清健，深得真宗赞赏，在现场就情不自禁地“赐同进士出身”。而少年神童姜盖得到寇準的青睐，大概源于寇準不喜晏殊章句的浮华绮丽，姜盖诗句流露出来的朴实无华吸引了他。

寇準对于晏殊的偏见无法在这一刻说出口，圣上面前总不能直白地说不想让晏殊中进士，是担心他抢了姜盖的风头。于是，寇準以江外人不足以委以重任为由，向真宗谏言。

宋真宗听罢，先前的和颜悦色消失不见，取而代之的是眉头紧锁的沉重，厉声道：“江外人为何不足以委以重任？李唐贞观年间的贤相张九龄不也是江外人？难道在你心中他也只是浪得虚名？”真宗并不介意朝臣的出身，他认为开放的朝代、强盛的国力之下，更要从人才的选拔来彰显一个王朝的胸怀气度。

面对宋真宗的反驳，寇準顿时哑口无言，心中知晓若是再争论下去必定会令龙颜大怒，寇準只得作罢。更何况，朝中谁人不知张九龄是自己为官的楷模？张九龄生于官宦世家，少年时才名远播，幼时聪明敏捷，擅写文章，九岁便知属文，诗名颇盛，还曾官至宰相。

因为相同的人生经历，寇準十分推崇张九龄，希望自己也能像他一般，成为一代贤相名留青史。

其实寇準并非讲求门第之人，更不是嫌弃晏殊出身贫寒，因为宋朝开国皇帝宋太祖赵匡胤也并非出身显贵之人，此刻他只是认为单凭一纸文章就赐晏殊同进士出身欠缺考虑，更何况文笔这般清丽秀美而缺乏哲思之人未必真有治国平天下之才能。然而事已至此，寇準只得作罢。

经过这一番争论，宋真宗对晏殊的印象更加深刻。几日之后，复试如期而至，终于到了面见圣上的日子。这一天，晏殊身穿素雅外袍，站在庄严辉煌的皇宫大殿外，台阶之下的他就如同池园内那一朵清丽的莲花，一股清凉之风拂过宋真宗的面庞，让他不由得眼前一亮。坦然自若长身玉立的晏殊不骄不躁，等待着真宗的测试。

宋真宗本是风流才子，自然十分惜才，考虑到年幼的晏殊初次面对这般场景，为了使他不至于紧张，一开始便没有出题，只是询问晏殊何许人也之类的闲事。真宗见晏殊回答得不急不躁，心中的喜爱之情更加强烈。既然人和品行都合格，那就只剩下才华尚待检验。

一番寒暄客套之后，宋真宗命人将试题送到晏殊手中，晏殊拿到试题之后，眉头深锁，这试题竟然与前几日自己的习作相同。宋真宗见晏殊眉头深锁，面红耳赤，心中暗自想到，莫非是这试题太难？

正在此时，晏殊开口禀报了圣上，这试题与他前几日的习作十分相似，恳请另出他题。此话一出，四座皆惊，换作他人，若是遇见相同考题，肯定会欣喜不已，将腹中的章句一一写出，怎还会要求换题？

宋真宗自此更加感叹如今有如此才华和人品的人并不多见。一番赞赏和等待之后，吏部的新试题终于到达晏殊的手中。虽然新试题晏殊未曾见过，但也丝毫难不倒他，只见他拿起笔，蘸了蘸墨汁，光洁的纸上字字珠玑清新飘逸。

当晏殊的试卷被呈送到真宗面前之时，真宗迫不及待地将其打开，认真地阅读起来。台阶之下的晏殊依旧神情自若，如同炎炎烈日下的荷花，清风徐来淡然盛开，令人恍然间心旷神怡。他默然想起家乡来，端午之时那个柳絮飘飞梅子黄时雨的江南水乡。

当年少的晏殊还沉浸在对家乡的回忆中时，朝堂之上响起一阵掌声，循着声音望去，鼓掌的正是当朝天子。见到龙颜大悦，晏殊知道属于他的时代即将来临。真宗将晏殊的试卷传与考官们过目，考官们都赞不绝口。

此时的晏殊，虽然已经站在这紫烟缭绕、满堂金玉的九重城里，但他仍然是那个出身寒微、初入京都的单纯少年。尽管后来他一度与这金玉繁华结下不解之缘，在此时却惊叹于这满目繁华。

他的内心既有喜悦也有迷茫，喜悦在总算博得天子的赏识，从此走上仕途，入朝为官，迷茫在对于这莺歌燕舞、绿襟红裳，文人雅士无数，才子佳人风流的帝都，他还是感到太陌生了，终究缺些底气。

千百年前，以《天问》《离骚》传颂于世的屈原，站在汨罗江畔纵身一跃，成就了这个满怀感伤的端午节。或许是这个满园芳菲繁花盛开的日子，本就不能承载过多的感怀失落，于是便有了千百年后晏殊这个“神童”的出现。

伯乐·前程似锦花开绽

暮春时节草长莺飞，落英缤纷，晏殊这风流少年始得志，意气风发。在这段明媚如朝霞的青春年华里，晏殊的精彩人生即将拉开帷幕。

“神童”晏殊的“金殿巧对”令四座皆惊，还未谋得一官半职，也未做出任何政绩，便赢得圣宠名扬天下，这样的人为数不多，而晏殊却独揽殊荣。他没有辜负“神童”之名，也对得住李虚己的精心栽培。

宋真宗虽然十分喜爱晏殊，却害怕年幼的晏殊恃宠而骄，所以想要多磨砺一下他。真宗于是表达了泱泱大宋才华横溢之人何其多，被称作“神童”之人也不在少数，倘若只倚仗天赋而不勤奋学习，只怕难以担负起治国平天下之重任的意思，想看看晏殊的反应。

这时的晏殊也还是不惊不慌，对于宋真宗的《励学篇》他早些年就已烂熟于胸。少顷，晏殊一字一句吟诵出宋真宗所作的《励学篇》，全篇如下：

富家不用买良田，书中自有千钟粟。
安居不用架高堂，书中自有黄金屋。
出门莫恨无人随，书中车马多如簇。
娶妻莫恨无良媒，书中自有颜如玉。
男儿欲遂平生志，五经勤向窗前读。

男儿要实现平生志愿，就要耐得十年寒窗苦读。悠然采菊的魏晋田园诗人陶渊明有言：“盛年不重来，一日难再晨。及时当勉励，岁月不待人。”

东汉末年诸葛亮曾在《诫外甥书》中说道：“夫志当存高远，慕先贤，绝情欲，弃凝滞……若志不强毅，意不慷慨，徒碌碌滞于俗，默默束于情，永窜伏于凡庸，不免于下流矣！”同样，颜真卿也曾作《劝学》传世，诗曰：“三更灯火五更鸡，正是男儿读书时。黑发不知勤学早，白首方悔读书迟。”以此来勉励后人勤学苦练，刻苦用功，不要枉费青春，任时光蹉跎，到老时追悔莫及。

听到晏殊的一番旁征博引，真宗十分高兴，拍手称赞晏殊是朝廷的可用之才，应当委以重任。于是，晏殊的仕途从此开启。

“朝为田舍郎，暮登天子堂。”这句诗用来形容幼年得志的晏殊最恰当不过了。晏殊被破格提拔为秘书省正字。虽然官不大，但朝堂上下的官员都知晓，晏殊的这个官是十分有前途的职位。

既然身外的世界早已繁花盛开，何以有辜负美景之人？晏殊早已喜不自胜，赶忙叩首谢恩。此时，朝堂之上一位唤作陈彭年的官员，嘴角露出淡淡的微笑。

陈彭年，字永年，是当时非常出名的文学家，同时，他还是一位音韵学家。陈彭年幼时聪颖，深受父母宠爱。他勤奋好学，其母害怕影响其身体健康便时常劝止。但嗜书如命的陈彭年为了既能看书，又不让关心他的母亲担忧，便想出了一个办法，他用竹笼做了一个灯罩，然后躲在密室里偷偷看书。有时通宵达旦，诵读不倦。十三岁时，陈彭年便写出万余言的《皇纲论》，为江南名辈所称许。他的声名甚至传入了南唐后主李煜的耳中，为招揽他，李煜特命其入宫做皇子仲宣的伴读，与他交游。

才华横溢之人何其多，但难得的是，满腹经纶的陈彭年与少年天才晏殊竟是同乡。宋真宗听到晏殊的口音便知晓两人是同乡，也许正是因为两人是同乡，真宗才让陈彭年指导晏殊工作。陈彭年此时供职于崇文院，正方便教导晏殊。

次日，晏殊脱去身上的便服，换上官服，尚且年幼的他还不足以将阔大的官服撑起，但眉宇间那份自信和热忱，使得他与众不同。那些常年混迹于官场的人眉目间满是疲倦，他们早已失去对生活的希冀和向往，也没有了对自己职位的热爱之情，充其量只是在那里虚耗光阴，碌碌度日罢了。而晏殊却满怀着青春的美好愿望和对工作的激情宛若冉冉升起的太阳，那样闪亮而耀眼。梦想和激情，真的是青春最好的馈赠。

晏殊满怀着青春的热情早早来到秘阁，秘阁内卷帙浩繁书盈四壁，看花了晏殊的双眼。见到陈彭年时，晏殊上前躬身作揖，陈彭年点点头，径自走向里屋，示意晏殊坐在他身旁的座椅上，便开始交代工作事宜。晏殊侧耳倾听，听完也认真地表示，一定会虚心学习，谨遵教诲。

时光流逝，转眼间一年过去了。又到了一年繁花盛开之时，明媚的季节，正是纵马游乐的大好时光。

花开花落在文人的眼中是岁月给予他们的诗歌。望着朝堂之上的陈彭年，真宗忽然念起去年那位“神童”晏殊，问及陈彭年去年交由你教导的晏殊如今怎样，陈彭年答复道，晏殊乃可塑之才。虽身处繁华喧嚣的京城，却丝毫不为外界所诱惑，他勤奋好学，洁身自好，从未结交浪子，也未纵酒冶游。

窗外春光旖旎，花蝶烂漫，莺啼燕语。这正是文人冶游的大好时光。本是少年儿郎的晏殊，意气风发风流不胜，可却囿于书案，辜负了帝都繁华、天下太平以及无边的春色。

宋朝享乐之风盛行。年仅十四岁的晏殊是初次步入锦绣繁华的帝都，彼时的他，还是一个出身贫寒的乡土少年。负担不起秦楼楚馆、勾栏酒肆的娱乐。勾栏酒肆里，文人雅士，络绎不绝，轻歌曼舞，红颜美酒，不计其数。十里繁花和袭人香气曾迷离了多少人的眼，这其中定有晏殊一般的少年。

正值春暖，芳草弱柳，乱红啼莺，如此春光，真是令人欲醉，那些风流人士迷醉了，晏殊也迷醉了，他也曾幻想在烟花巷陌里，伴着窗外的春色，抱着满怀的温香软玉，诗酒欢娱。一首《迎春乐》便是他春心萌动的最好证明。如此看来，正是那贫寒阻止了他畅饮冶游！

迎春乐

长安紫陌春归早。亸垂杨、染芳草。被啼莺语燕催清晓。正好梦、频惊觉。

当此际、青楼临大道。幽会处、两情多少。莫惜明珠百琲，占取长年少。

面对晏殊的诚实，真宗颇为欣赏，心下愉悦之际，不由开口询问晏殊是否有新作。晏殊不敢欺君，如实说道："几日前，陛下在陈先生的陪同下赏花游览，前辈们亦是同酬唱酢，让臣大开眼界，心痒之余回家不免细细地研看了一番海棠花，并作诗一首。"晏殊说着从袖子里取出了一张折叠好的纸，恭敬地递给了真宗，并说道："臣仔细地察看了海棠花的根部，其色黄而盘劲。其干虽多节但木坚，同时外白内赤。枝叶茂密柔顺，叶多呈缥绿，但小者则以浅紫为色。其香清丽，不兰不麝。其姿袅娜，令人浮想。"闻听此言，真宗接过纸张，就着手掌展开，只见诗云：

轻盈千结乱樱丛，占得年芳近碧栊。
逐处间匀高下萼，几番分破浅深红。
烟晴始觉香缨绽，日极犹疑蜡蒂融。
数夕朱栏未飘落，再三珍重石忧风。

唐代的宰相贾耽，曾有著作《百花谱》，书中赞誉海棠花为"花中神仙"。从此以后海棠花作为观赏植物的地位与声望日益突出，在宋代达到顶峰。

这首形容海棠花的诗作，真真是妙极了。轻盈的枝叶细细密密地从花丛里长出来，长势正茂靠近碧绿的边缘，抬头能够看到花里面高处的花萼，颜色深深浅浅，逐渐到深红。

在天气晴好的日子里，才发觉美丽的海棠花绽放了，日复一日更像是燃烧极盛的蜡烛。经过好几天的夕阳，这里指的是海棠的花期比较长，开了好几日的海棠花，再三叮嘱石头和微风要多多珍重。

全诗采用了多种描写手法，但最突出的应当是拟人与比喻。晏殊将海棠花以一个婉约柔美、多情温柔的形象展现了出来。北宋沈立所著之《海棠记序》记载："尝闻真宗皇帝御制后苑杂花十题，以海棠为首章，赐近臣唱和，则知海棠足与牡丹抗衡，而可独步于西州矣。"

因此海棠花在后来素有"国艳"之美誉。由此可见，宋真宗对海棠花的喜欢，已经让其与牡丹平起平坐了，并且要求群臣为之作诗。而晏殊为海棠花而创作的诗甚好，他因此得到了皇帝更多的喜爱。

年少的晏殊是幸运的，得恩师指点，有贵人提携，更屡屡有机会得以在君王面前表现，恰值真宗也懂欣赏，并因此对晏殊更加青睐，这也为晏殊后来的仕途顺利、官运亨通铺开了道路。

第二章

诗酒年华 欢浅愁深

青涩·年华如诗 欢声笑语

破阵子

燕子来时新社，梨花落后清明。池上碧苔三四点，叶底黄鹂一两声。日长飞絮轻。

巧笑东邻女伴，采桑径里逢迎。疑怪昨宵春梦好，元是今朝斗草赢。笑从双脸生。

这首《破阵子》被收录在晏殊的《珠玉词》中，是晏殊大多数离别苦思亲痛作品的一个例外。其基调鲜明活泼，节奏明朗，细读之，仿佛能感觉到一股乡间的清新气息，全篇看不到一点忧愁和哀思，字里行间流露出来的，全是欢喜雀跃。

词中首句所提之“新社”指的是春社。这是因为在二十四节气中，清明紧挨春分，新燕亦即将至，社日也就要到来，故而古时又称燕子为社燕。春分是一年当中让人最为留恋的时节，晏殊作此诗怕是应景更多。

三月里，京城里一片浓浓春意，燕子也飞回来了，又是一年一度的春社，大家都很重视。邻里乡亲，载歌载舞，喝酒聚会，热闹喧腾，庆祝春季这一盛事。池上的碧绿的苔藓，星星点点地散落，偶尔抬起头，便可以望见眼前的树枝上，一只黄鹂正在欢快地歌唱。

日子就在漫天轻飞的柳絮里，欢欢喜喜地过着。这时的晏殊，终于实现了在皇城停留的梦想。经过这么多年的努力，终于看到长安这个赏心悦目的春日，他觉得一切付出都很值得。

恰逢春社，东邻的美丽女子，也可以放下平日里手头的女红，走出闺房呼唤姐妹们，一同相约在长满了桑树的小径上，嬉笑玩耍，收集桑叶，享受节日的快乐。

晏殊看到如此美丽的女子，情窦初开。想起难怪昨晚自己做了一个美好的梦，原来是今天要欣赏到这么美妙的春光，偶遇这样美丽的女子。想到这晏殊嘴边忍不住出现了舒心的微笑。

当时的晏殊，已经是进士出身，在长安扎下根来，美好的未来才刚刚开始。没有纷繁琐事的烦恼，没有后来失去至亲的伤痛，更没有爱情的伤痕累累，故能有这般情思，细细品味此季节的一切美好景物，感受着大自然的甜润气息，看着池畔的苔草鲜翠欲滴，听着林中鹂啭悠然的清音。

都说人生最美好的，莫过于十四五岁的时光，不懂得爱情为何物，对于这个世界上的一切都抱有最初的热情和新鲜感。那一年天蓝草绿花香，阳光正好，正值年少，都爱谈天说笑。

此时的晏殊不会想到，接下来等待他的会是什么，眼前一切顺风顺水，前路光明，岁月静好。未来就像是阳光下五彩缤纷的泡泡，那样夺目而耀眼。

后来过了很多年，当年那个气宇轩昂、眼睛明亮的白衣少年已经是老者时，他才恍然明白：人在秋风中，不仅可以悲叹秋天，还可以穿过悲秋，走到豁达的境界。黄庭坚曾作《南乡子·诸将说封侯》，其中有云："催酒莫迟留，酒味今秋似去秋。花向老人头上笑，羞羞。白发簪花不解愁。"酒是年年有，秋是年年来，酒不变，秋不变，人已老去。

如果就这样一直好下去，人生怎能不完满？只是，再坚毅多才的人，也抵挡不了强悍的命运。

无论今日是悲是喜，是得是失，明天必将来临。

霹雳·无父何怙

有时，上帝只是打了一个盹儿，于是，原本看似热闹纷繁的人生便立即拐了一个弯，让你看到了它的真实和残酷。

真宗大中祥符年间，晏殊任光禄寺丞。一天，正在处理公务的他，收到了家书，“父去，盼归。”寥寥几字，晏殊却感觉像是被人揪住了头发一样，胸口狠狠疼了一下，半天缓不过来。父亲去世了，他怎么都无法接受这个晴天霹雳！上回的家书还说，家中一切安好，双亲身体康健……

匆匆交代了手头的公务，简单收拾了行装，晏殊踏上了回乡奔丧的路途。

走在回家的路上，晏殊感觉双腿像灌满了铅一样沉重，记得几年前，自己赶往长安参加科举的时候，还是一个少不更事的十四岁少年，对什么都是好奇的，对自己的未来是怀着无限憧憬的，欢欢喜喜，不曾感到路途遥远。

而今，走在回乡给老父亲奔丧的路上，竟感觉久违的故乡距离繁华的帝都是那么遥远，远到他生怕自己万一耽搁下来舒缓一下疲惫的身躯，就赶不上看父亲那张慈祥的脸最后一眼。

想着想着，眼睛湿润了，缓过神来的晏殊，抬起衣袖擦了擦眼角的泪，叮嘱车夫，马车再赶快一些，再快一些。

残阳如血，一辆马车，伴着滚滚扬起的尘土，消失在远方的晚霞中。几经辗转，舟车劳顿总算到家了。只是晏殊来不及喝一口水，拂一拂衣襟上的尘土，就一头跪拜在父亲的灵柩旁。

再后来，关于父亲葬礼的一些细节，晏殊都不太记得了，他依稀记得，忙碌的大哥，还有哀号的母亲。几天烦琐的仪程和礼节下来，他感觉自己整个人像被掏空了一样，仿佛世界都静止了。在父亲的坟头上行完礼，晏殊眼前一黑，倒了下去，什么都不知道了。

晏殊在床上醒来，一旁是双眼红肿的母亲。原来他是连日赶路疲乏加上极度悲伤，昏迷了三天，并无大碍。

家里人已经请郎中来看过了，只是急坏了已经很悲伤的母亲。简单换了衣装，走进书房，当年父亲教自己念书的场景历历在目。桌是原来的桌，椅是原来的椅。

记得离家的那一天，父亲送自己到村口，走出很远了回头遥遥地看到父亲还站立在原地，当时的自己满是雄心壮志，心里想着终有一天，自己会衣锦还乡荣归故里，不为男儿凌云志，就为博父亲母亲欢喜。

如今，自己寒窗苦读十余载，总算是有了庇护全家人的能力，可是，那个曾给过自己谆谆教导和深深疼爱的父亲，却睡在村口那棵老槐树下，再也不会醒来了，只剩下一身白衣的自己。哭天喊地也于事无补，一夜之间，就让那个少不更事的少年长大成人。

长大成人，多么令人欢喜却又十分无奈的字眼。

想着想着，眼角的泪又来了。

生而无法日日床前侍奉，眼下能做的，就是好好在家，守孝三年。

站在书房的窗前，丝丝凉风吹来，一转眼，都已经是深秋了，院里梧桐树的叶子，摇摇摆摆地落下来。二十出头，原本正是风流倜傥、快意人生的年纪，可是发生在他身上的变故，一下子让他变得坚强起来，深深地感觉到肩上的重担。

冬去春来，转眼，马上又要立夏了。这段时间，晏殊就在家陪陪母亲，和大哥打理家里的几亩薄田，有时候会去村里的私塾给学生们上上课，日子过得倒也清净自在。

君子于役，不知其期，曷至哉？
鸡栖于埘，日之夕矣，羊牛下来。
君子于役，如之何勿思！君子于役，不日不月，曷其有佸？
鸡栖于桀，日之夕矣，羊牛下括。
君子于役，苟无饥渴？

这一日，晏殊在私塾教学生这首《君子于役》，全部学生坐得整整齐齐，认真听讲。晏殊博学多才，课讲得幽默风趣，大家都很爱听。虽然年纪尚小的学生并不能理解这首词作的全部意思，但是也正是这既朦胧又清晰的感觉，让大家很是兴奋。将懂未懂的年纪，是最美好的年纪。

《君子于役》从妻子的角度写了对出征在外的丈夫的怀念与思念，虽然题为“君子”，但从诗中所描述的情况，推断其大概应该只是一位地位不高的武士。而“役”在古时虽不能确指，但结合诗文来看，当是戍守边疆。

君子远出服役，不知他的归期。现在他到了何处呢？小鸡都已经回到了自己的窝里，夕阳西下，就连山头的牛羊都下山了。君子远出服役，如何能不相思？君子远出服役，没日没月恨日长。何时才能重聚？小鸡都已经回到栏边歇息，夕阳欲坠，牛羊成群结队地回来了，君子远出服役，该是没挨饥渴？

课毕，晏殊往回走。

家中，母亲正坐在院里剥豆，晏殊前去帮忙，一颗颗新鲜的青豆，在轻轻剥开豆荚之后，就机灵地滚落下来，甚是顽皮。

小时候晏殊最喜欢吃这样的新鲜豆子，每年豆子刚一下来，就迫不及待地吵着母亲清炒了给他，那绿莹莹的小豆子加一点猪肉丝放到锅里轻轻一炒，格外清香。馋得人忍不住口水都要流出来。哥仨儿着急地站在厨房里，迫不及待地要吃上一口。等到炒青豆一上桌，父亲示意可以吃了，大家就抄起筷子，乐滋滋地吃起来。晏殊和弟弟晏颖年纪都小，有时候圆滚滚的豆子夹不起来，母亲就一一分到他们的碗里，允许他们用手抓着吃。

晏殊正一边剥豆，一边与母亲聊着近日的天气，看到大哥领着几个公差模样的人进来。

将来人请进大堂，倒上茶，才听懂了客人的来意。

“圣上召您即日启程回长安，协理朝政。”

服丧还未满一年，就要离开，晏殊实在不想。对于老父亲，生前不能尽孝，故去连服丧都不能求一个圆满。身为人子，他心里很痛，但是无奈不得不走，帝王之令，违逆者斩。

站在大堂门外的母亲，早已经猜到了来人的用意，起身端起一盆豆子走进厨房，开始张罗爱子临行前的那一顿饭。

母亲一边忙碌，一边想着心事，一会儿该对晏殊说点什么，叮嘱他回去好好为官，心系黎民百姓，还嘱咐他有空就回来看看，母子二人，毕竟从此见一面，就少一面了。

用新下来的芋头做了芋泥，炒青豆，炒肉糕，炒线面，做千页糕，不一会儿，就摆了满满一桌。看上去色香味俱全，煞是诱人，好几样都是晏殊的最爱。在里屋简单地收拾了行李，晏殊出来看到母亲、大哥都已经端坐，等他一起吃这临别前的团圆饭了，母亲的旁边还放了一副碗筷，晏殊知道那是给父亲留的。

这顿饭吃得很沉闷，大家都不怎么说话，母亲只是不停地给晏殊夹菜。大家都不约而同地想起，他这一去，不知归期是何时。

对于晏殊而言，这顿饭虽然有自己爱吃的，却食不知味，他的心里早已经五味杂陈。想起小时候，一家人其乐融融地在一起吃饭，兄弟三人从来不会因为争吃的而恼怒，大哥会让给他和三弟，他和三弟也会适当分一些给大哥，父亲母亲总是望着孩子们相视而笑，那种默契和爱意，是晏殊多年回荡在心头的温暖。

依依不舍，也终有一别，再丰盛的家常菜，吃完了终究要说别离。

家门外，母亲整了整晏殊的衣角，将一个包袱交给了他，那里面是母亲早早就准备好的吃食和一件自己亲手缝制的新衣。

初夏时节，临川午后的阳光更盛了，点点日光透过树叶稀稀落落地洒下来，树叶被偶尔吹起的风，震得哗哗啦啦地响，田野里庄稼都已经长出了茁壮的苗儿，正是万物生长的季节。

告别了母亲，晏殊来到父亲坟前，坟头早春栽的那棵杨树，也早已经长得青翠。

此时此刻，纵有无数的话想要诉说，却已不知该从何说起。而且，他是个男儿，好男儿怎么能不去为君分忧，为民造福？晏殊重重地在父亲坟前磕了三个头，站起来拍拍衣角上的土，转身步入归途。只是这次那一头，是长街十里的帝都。

此时的晏殊，万千思绪如泉涌，只是他怎么也不会想到，这次与母亲一别，竟然是永别，那家门外给自己整理衣角的一幕，竟然成为晏殊此生对于母亲最后的记忆，那样的爱，今生再也不会有了。

永隔·忠孝两难全

放眼十一世纪的世界，没有任何城市可以和开封比肩。

太平日久的开封城里，人流车辆，川流不息，商贾往来络绎不绝，处处可见青楼画廊，随处可闻新曲不绝于耳，曼妙舞姿映入眼帘，十里长街，真的是极尽繁华。

回到长安，带着对故乡浓浓的思念，和对家中母亲的深深牵挂，告别了那个在老家简单明朗的自己，晏殊又开始了庙堂之上的周旋。官场实在是一门深厚的学问，权力争斗、拉帮结派都是司空见惯的事儿。

又一日早朝，眼前的金銮殿依旧是那样金碧辉煌，就在这时，真宗提到让晏殊几日后陪他去太清宫祭祀。

如果说晏殊这一生在感情上波折连连，空留遗憾，难以圆满。那么遇到真宗，也算得上是上天对他额外的补偿。

这位宋王朝的第三位皇帝，在位二十五年，自相遇那一天起，便给了晏殊无数的殊荣。在晏殊服丧未满时就将其召回，为的不过是陪他去祭祀。

今天，人们已经不再那么重视祭祀。但在古时，祭祀是极为重要的一件事情。对于皇帝来说，祭祀更是被赋予了许多色彩。其不仅是祭祀祖宗，不忘过去。同时，也是为来年祈福，为国家祈祷，愿国泰民安，国富民强。祭祀有着严格且复杂的操作程序，沈括在其著作《梦溪笔谈》中载："上亲郊郊庙，册文皆曰'恭荐岁事'。先景灵宫，谓之'朝献'；次太庙，谓之'朝飨'；末乃有事于南郊。"

由此段记载可以知道，当时的皇帝祭祀之时，需要先去景灵宫祭拜，然后在太庙祭拜祖宗，最后，还需要前往南郊祭拜天地。这套基本的程序，自唐以来，为帝者已经烂熟于心。但是到了真宗朝的时候，为了显示赵氏乃是顺应天意而掌管大宋江山，于是便借由中华始祖黄帝本赵姓之故，将曲阜特意更名为仙源县，并且还在该县修建了一座恢宏的景灵宫，宫中供奉黄帝。真宗祭拜之时，便就在这景灵宫中祭祀黄帝。

那一日，天朗气清，惠风和畅，群臣纷纷聚集在一起，准备祭祀大典的开始。在当时，祭祀主要有两个重要的部分。先是祭拜祖先，这里所提及的祖先，并不仅仅只是赵氏祖先，其中还包括了牌位被安置在景灵宫中的一些皇帝以及李唐皇室等。然后再进入第二个环节，祭拜天地。此时，皇帝需要亲自主持整个仪式，不能由其他人替代。

为了准备祭祀，晏殊同大臣们也是忙了好久，好在，祭祀大典总算是圆满结束了。

春日，临川家中，年迈的母亲已经多日病重不起，但在寄给晏殊的家书上，写的内容却是："家中一切安好，珍重勿念。"晏融守在母亲床前，治病的郎中正在把脉。不一会儿，郎中整理好药箱，走向屋外。晏融连忙追出去问母亲病情是否转好。白发老郎中回望了二人一眼，摇摇头，捋一捋胡须，出门走了。

二弟回京后的这小半年，母亲身体一直不是很好，而她却不准晏融告诉二弟。母亲心里想，晏殊这个孩子挺有出息，小小年纪就已经获得了如此成就，一步一步也算顺当，官场凶险，不要因自己生病的事情而耽误他的大好前途。

偶尔得到闲暇，晏殊会独自去郊外转转。一日，喝了点小酒的他来到城外的一座小宅子，两旁是安静的树和星星点点的花，院子里点了香，徐徐的风，和着一缕缕清香吹过来。于是有词：

小径红稀，芳郊绿遍。高台树色阴阴见。春风不解禁杨花，濛濛乱扑行人面。

翠叶藏莺，朱帘隔燕。炉香静逐游丝转。一场愁梦酒醒时，斜阳却照深深院。

吟之，顿觉一幅暮春时节的画卷缓缓展现在眼前，上阕写郊外之春景，下阕写院内之美景，最后以斜阳照进庭院收尾，在斜阳之中自有一股轻淡的哀愁挥之不去。大概是忙于朝政已久的晏殊，思念故乡了吧。

路径两旁，花已零落，间或有几点残红，原本百花竞放的景象早已被茵茵绿野取代，在郊野，萋萋的芳草已经遍地。在那层层叠叠的树荫里，依稀可见高楼台榭，繁茂的树木给人带来一片幽深之感。

那轻柔而过的春风啊，不懂得约束杨花，让它们随风而舞，纷纷扬扬，扑向行人。一方面，暗示很无奈已经没有办法留住春天了，只好听任杨花飘舞送春天离去；另外一方面，从侧面表现出了杨花活泼灵动的生命力。

一眼望去，那碧绿欲滴的叶子层层叠叠，茂密异常，正好可以用来供黄莺躲藏。翠叶藏住了黄莺，那燕子呢？那在院中自在飞翔的燕子被一道朱帘挡在了外面，不得入内来。如是，诗人的视角自然地从室外转向了室内，完成了空间上的转移。而同时，“藏”字与“隔”字，一动一静，一被动一主动，均跃然纸上，将初夏的繁荫与暮春的闲静巧妙地融合在了一起。

“炉香静逐游丝转”，那静静放置在室内的香炉，正袅袅腾腾地升起缕缕香烟，氤氲着，飘荡着，宛若无数条游丝在不断缠绕、嬉戏、追逐，旋转上升。“逐”与“转”极富动态。香烟升腾本是寂静无声，在此处却宛若有生命一般，充满了喧闹之感。如此，反而突出了室内的安静。

最后两句，由景及人，原来此前室内如斯安静是因主人在酣睡。但睡醒之后并没有觉得舒畅，反而涌起一股哀愁。只因醉酒，做了一场充满哀愁的梦。看着那斜照进来的夕阳的光，一时之间倒有点愁绪满怀了。

转眼间，已经离开家好几个月了，也不知道家中的老母亲可好。晏殊看完了这曲径通幽的小院，边想边往回走，沉沉睡去。那一夜，晏殊梦到了母亲，梦里的她什么也没说，只是一直爱意浓浓地看着他，眼睛里似乎在担忧什么，还有深深的不舍。醒来，仍然记得她慈祥的微笑。

翌日清晨，一个白衣男子站在屋檐下，睡眼惺忪，在晨风中伸手撑腰，舒展身体。今天天气不错，晏殊也约了几个好友，来家中小聚。到长安这么多年，也算是结识了不少人，他自己的官也越做越大，很多人都有点阿谀奉承，攀附结交的意思，只是晏殊为人素来诚实，只跟几个交心的常有来往。

晌午的太阳暖暖地照进来，已经是暮春时节，院里苗圃中的植物，早已郁郁葱葱，那几株芍药，羞羞答答地露出小脑袋，粉嘟嘟地开着，惹得不少蜜蜂前来采蜜。

东厢房窗前的一株牡丹，也打好了花骨朵儿，不日就要开放，这果然是个适合开花的季节。风水日盛的京城里，养株花开得都是极好的，一点儿也不夸张。

晏殊和几个好友，正聚集在凉亭下饮茶作诗，大家一人来两句，好不热闹。这时，晏殊看到家中的管家走进来，手里拿着一封书信。晏殊心里想着，家书前几日才来过一封，说家中一切安好，这会是何人寄来的书信呢？他还在纳闷儿，管家已经将书信递到了他的手上。

打开一看，雪白的纸上那四个字，像是一把利刃，直直地捅在了晏殊年轻的心上，离开家还不满一年，这怎么可能……晏殊突然觉得全身的血都在往头上涌，心都缩了起来。

信上是大哥隽秀的四个字：家母故去。

大家看到晏殊骤变的脸色，纷纷停了一下，询问出了何事。晏殊答，家中出事十万火急，要奏请回临川。好友听罢，叮嘱几句便纷纷告辞离去。晏殊嘱咐管家收拾简单的行李，自己衣服都来不及换，连忙赶进宫去面圣，他要请奏回乡，为老母亲守灵。

那平时里上朝走惯了的宫城，突然间变得好大，仿佛已经走了几个世纪依然望不见金銮殿的影子。此刻的晏殊只有一个念头，他要见到皇帝，请求批准他回家。

如果母亲去世是晏殊从没有想到的一件大事，那么宋真宗没有同意他回乡的请求，是一件更让他想不明白的事情。

只是天子一言，不得忤逆，哪里管受命者的其他。从金銮殿走出来的晏殊，感觉自己快要晕过去了，那个在这个世界上和自己最亲的人，就这样匆匆离去了，子欲养而亲不待，真的是世间最无法言说的痛。在后来的日子里，晏殊常常在梦中见到母亲，他无数次在梦中用力地呼喊，醒来之后只有撕心裂肺的自己和枕边的泪。

现代诗人余光中有一首著名的诗——《乡愁》，全诗选录如下：

小时候，乡愁是一枚小小的邮票，我在这头，母亲在那头。
后来啊，乡愁是一方矮矮的坟墓，我在外头，母亲在里头。

那时晏殊的心情，大概就如同这现代诗里写的，回不去的家乡，见不到的母亲，是晏殊心中挥之不去却又无可慰藉的乡愁。关山阻路远，随着母亲的离世，乡愁就成了这首诗中的坟墓，我在坟墓的外头，母亲在坟墓的里头。可是，我连那坟墓的模样，都无法回去望一眼，哪怕是遥遥地望一眼。没有了挚爱的母亲，这个世界，哪里还有什么乡愁。母亲不在了，家也就不在了，就连那日日思念的故乡，也成了晏殊心头的一块旧病。母亲离去的季节，心头泛起深深的疼痛，久久不能散去，最终那疼痛一并蔓延在心底。

在晏殊众多词作里，有这样较为著名的一首，很多人说，它主要是写闺中离愁，而笔者认为，这首词，更像是晏殊为怀念自己的母亲而作。

撼庭秋·别来音信千里

别来音信千里。怅此情难寄。碧纱秋月，梧桐夜雨，几回无寐。
楼高目断，天遥云黯，只堪憔悴。念兰堂红烛，心长焰短，向人垂泪。

词中的“碧纱”指的是绿纱制作的蚊帐。“梧桐夜雨”，当是由晚唐诗人温庭筠那首广为人知的《更漏子》中的“梧桐树，三更雨，不道离情正苦。一叶叶，一声声，空阶滴到明”化用而来。“无寐”不难理解，就是我们现代人所说的失眠。“目断”指的是望尽，望而不见的意思。这当中有个相对陌生的词语，那就是“兰堂”。古人所说的兰堂，指的是芳洁的厅堂。这里也不难看出，母亲在晏殊的心里，就是一株清幽的兰花。同时，他自己亦心心念念着芳洁雅致的厅堂里的一支红烛，只是烛芯虽长，烛焰却短，隐喻心有余而力不足。

红烛对人垂泪，前人早已有之。晚唐之时，杜牧就曾在他那首广为人知的《赠别》诗中如是写道：“蜡烛有心还惜别，替人垂泪到天明。”全词主要写的就是母亲故去，母子二人天人永隔，这一直让晏殊难以从痛苦中走出来，从而哀思满怀，无以寄托，难以入眠，只得将所有愁绪都寄托在滴蜡的红烛之上。

晏殊和杜牧虽都以蜡烛寄托情思，但两者还是有所不同的。在杜牧的诗中，蜡烛是“替人垂泪”，终究隔了一层，不能直抵人心，但在晏殊的词中，红烛是“向人垂泪”，如是，其情态可见一斑。一被动，一主动，终有所不同。

而那细长的烛芯啊，可不就是晏殊自己那绵绵悠长的思念之情吗？可是，那短短的烛焰，却又是那般柔弱无力，让人空余感叹而无可奈何。终是阴阳相隔，现实无力，空有心而力不足。

整首词连贯看之，在满怀愁绪当中自有一股人世苍茫，在结构上点面结合，概括简洁，很有特色。以自然界辽阔的景象渲染、烘托孤寂怅惘之情，移情于物，亦物亦人，更为婉曲，感人至深，是晏殊一首著名的佳作。

生死，是这世间最无奈的事，母亲的离去，更加激发了晏殊潜心为官的斗志，自古忠孝两难全，如果家中最后那一别时的叮嘱是她老人家的遗愿，那么晏殊愿意倾其一生，来做个造福百姓的好官，以弥补不能奉养母亲的遗憾。

自十四岁获赐同进士出身，晏殊便踏上仕途，此后一直隆恩不倦，真宗、仁宗两任皇帝都给予了他无限的尊荣和宠爱。真宗年间，晏殊重孝加身，真宗都没有放其归家。在三年孝期未满之时，晏殊就被召陪同真宗祭祀。这足以证明真宗对晏殊的偏爱。但同时也说明，晏殊才华之出众，真宗害怕朝廷损失一个优秀的青年人才。

只是，多少次的思念在心里描摹，回忆的路，被朦胧的泪雾遮挡。

多少次独倚栏杆，无语望天。

著名田园诗人陶渊明有诗：“云无心以出岫，鸟倦飞而知还。”连飞翔的小鸟儿累了疲倦了，都知道回家，而余生，晏殊再也无法回到那一片叫作母亲的森林，去让疲累的灵魂得以休息，去让身体和鼾声得以安放。

最痛·手足如花凋零早

说起来晏家三兄弟，个个都有自己的脾性，却相处得很好。

不同于和小弟的感情，大哥对于年幼的晏殊来说，一直是较为陌生的、遥远的。童年时代的晏殊，常常无法理解比自己年龄大的大哥，为什么觉得自己玩的游戏都好幼稚，跟他始终有着一种距离感。

晏殊最喜欢的还是小弟晏颖，小小的人儿一直跟在自己身后，像个肉乎乎的小尾巴，一刻也摆脱不了。有时候令人心烦，但更多的时候，是那么惹人怜爱。

与晏殊一样，晏颖也是颇有才名，后世“抚州八晏”之一，其排名仅在晏殊与晏幾道之后。只是其在十八岁那年便去世，令人不由得扼腕叹息。对于晏颖的逝世，在《临川县志》中有段记载，曰：“元献与弟颖举神童，入秘阁，而颖夭。”

相传晏颖在年少的时候就很聪明，在童年的时候就已经小有名气了。当其还在临川之时，便与晏殊一起被称为“神童”。后在真宗朝大中祥符四年七月时，在前任宰相张知白的引荐下，晏殊和晏颖两兄弟均被召入翰林院充当伴读。在此期间，晏颖凭借着《宫沼瑞龟赋》而声震朝野，让真宗大为赏识，心花怒放之下，真宗让晏颖以“同进士出身”的身份出任奉礼郎。

但晏颖在得知自己被授予奉礼郎的职位后，走进了旁边的书房，把自己关在里面不出来。过了许久，家人喊他他还是不出来，不得已，家人只得想办法打开门进去看，结果发现晏颖已经静静地离去了。

有关晏颖的死，后世已传得很离奇，据《临川县志》记载，晏颖去世之时，显得非常平静，犹如蝉蜕离开一般。而在书房的案桌上则摆放着一张纸，上书诗两首，其一为："兄也错到底，犹夸将相才。世缘何日了，了却早归来。"另外一首则是："江外三千里，人间十八年。此行谁复见，一鹤上辽天。"

同时，据《道山清话》载，由于之前早已有传闻说晏颖是仙人之身，故在晏颖逝世的消息传出来后，真宗立即命人雕刻了"神仙晏颖"四个字，赐给了当时的晏家，以宽慰两位老人培养两位"神童"的辛劳。

当时的晏殊刚刚二十一岁，小弟的离去让他一时间无法接受，他怎么也想不通，明明几天前还活蹦乱跳的小弟，怎么就没有了？

记得小时候，晏殊有一天和哥哥晏融带着弟弟去郊外的林子里玩耍。当时的晏颖才四岁，穿着小小的棉布小衫，脑袋后面的头发整整齐齐地垂着，说话的时候奶声奶气的，好生可爱。

大概就是暮春时节，林子里的很多柳树都被鸟儿们筑了巢。哥哥晏融把晏殊托起来，晏殊慢慢地爬上树去掏鸟蛋。等到晏殊抓住了树枝，完全站立在树上时，露出了开心的笑容，向树下的大哥和小弟分享一下自己的心情，继续往上爬。那一天，三兄弟收获了不少鸟蛋，大家都很开心，晏颖也着急要拿，晏殊就将两个小小的鸟蛋放在了他胸前的口袋里。

之后大家就一起去玩耍了，等回到家，晏颖想把鸟蛋掏出来给母亲看，一伸手才发现鸟蛋已经碎了，当时的他不能理解，还伤心地哭了一场，两个哥哥一顿哄，好不容易晏颖才揉着红红的小眼睛擦干了眼泪。

往日的回忆历历在目，那个曾是自己小尾巴的小家伙，就这样悄无声息地离开了他的生命，而上天不曾给过他任何征兆。一切来得那么突然，这是晏殊自记事以来，第一次近距离地接触死亡，年轻的心里更多的是大把大把的悲伤，甚至哭都流不下眼泪来。

又是一个月色如水的夜，晏殊辗转难眠，实在是没有半点睡意。月亮真是个好东西，常常会有变化，就如人的心情一样，有欢喜也就有忧愁。天地万物，头上都顶着同一轮明月，只是因观者不同，心境不同，原本无情也无意的月在世人眼中便也变得丰富多彩，并由此而成为中国诗歌当中一个常用的意象。千百年来，月寄托了无数诗人的美好愿望，或忧愁，抑或追问与情怀。相较于尘世中的人来说，那亘古不变的明月仿佛永远都不会老去，亦永远都不会消失，它有着永恒的时光。在生命的状态里，人们善于借助月亮，来表达欢喜、表达哀思、表达迷茫或忧伤。

看着窗外的夜色，晏殊总算是沉沉睡去了。梦里，他看到了弟弟。他拼命地想抓住弟弟的手，却看到弟弟笑着挥了挥手，远远地离去了。

记得那一次，母亲出去走亲戚，留下他带着弟弟。那天，两人在后山玩累了，他就背着弟弟往回走。开始时，晏颖还叽叽喳喳奶声奶气地跟自己说话，后来突然就没声了，晏殊回头看，小家伙早已在自己的背上睡了过去，嘴角还挂着一缕甜甜的笑。

后山离家的路并不近，晏殊背着弟弟走得有些吃力，头顶的太阳越来越大，气温越升越高，很快，晏殊的额上便出了一层薄而细密的汗，但是他仍然舍不得把弟弟放下来。就这样走了一路，坚持到家。当父亲从晏殊的背上接过熟睡的晏颖，看到老二背上的衣服都湿透了，头发也湿漉漉的，像水洗了一般。父亲欣慰地笑了，虽然当时的晏殊年纪还小，但是已经知道承担做哥哥的责任了，那满身的汗水便是对弟弟的沉甸甸的爱。

晏殊的大多数词作，都是伤春怨别之作。很少有思念亲人的词，下面的这首算是代表作。

玉楼春·春恨

绿杨芳草长亭路。年少抛人容易去。楼头残梦五更钟，花底离情三月雨。

无情不似多情苦。一寸还成千万缕。天涯地角有穷时，只有相思无尽处。

在那长亭古道上，路的两旁是随处可见的杨柳，只见那春风起，杨柳便随风起舞，不远处，芳草萋萋，绿茵茵的一片，充满着无限的生机。但是，如斯美景依旧不能激起我丝毫的兴致，我心心念念的那个人已经离我而去，将我抛下。我多想能牵住他，可是他终究还是轻易地丢下了我。因此，我只能在梦里与他相会。可是，那恼人的钟声啊，明明才五更天，就响了起来，将我从梦中惊醒。这真让人心底忧伤烦闷，原来连梦都无法让人满足。那满腔无法排遣的思念之情，宛若那花间溢满的三月春雨，在心间发酵弥漫。

那些无情的人，又如何能知晓多情人心中所暗藏的烦恼。他们可以洒脱地转身离去，可是我心中那无限的愁思却已经千丝万缕，紧紧地将我缠绕。即使是天涯海角，可那终究也有穷尽之时。可是，我对那无情人的思念之情却绵绵无绝期。

“长亭路”指的是送别的路。在过去，古人的习俗就是在长亭送别。整首词都弥漫着一股相思离别之苦，同时，也突显了一种落寞的心情。人生聚散无常，喧闹过后往往更加冷寂，徒惹人忧伤。虽用词华丽，但基调哀婉，读之，让人不由心生悲戚，却又无能为力，只得接受命运的摆布，然后将绵绵相思之情付诸这让人爱恨交织的春光。

在词的上片，晏殊以景开篇，描摹了一幅春日里长亭外的画卷。只是分别在即，可惜了这绿野如茵的春光之景。看着即将远别的人儿，送行的人不由满心烦闷，但那离别之人毫不为意，很轻易地就抛下了送行人而独自远行，没有理会背后充满忧愁的目光。

尽管人儿已经离开，但词中所写之人依旧无法安睡，早早地就被楼头五更的钟声惊醒了，别离的情绪就化成了点点水珠，挂在雨后的花上。此处的两句，将词中人的思念之情生动地展现了出来，同时也刻画了之前离开之人的薄情。漆黑如墨的深夜里，辗转反侧，夜不能寐，好不容易进入一场睡眠，却被楼头的钟声早早地吵醒，再也无法入眠。起身看着窗外，已经下起了霏霏细雨，那在三月春雨中纷纷凋落的花瓣，就如我此时心中的愁思，七零八落。

如果自己是个无情的人也就不会有现在这样多的烦恼了，因此多情还不如无情。自古多情伤离别，不多情便能看淡这世间的一切，不会给自己徒添那样多的烦恼。多情的心都要缩成小小的了，里面蕴含着千愁万恨。

最后两句的寓意很深婉。相比之下天涯海角都是可以去的地方，都有各自的尽头，唯有这凄凄的哀怨与静静的相思，无穷无尽。这两句不仅写出了一种离愁别怨之感，同时，更蕴含了一种通透的人生哲理。

此首词除了可从上面被抛弃人的角度赏析外，亦可从离去者的角度赏析。年少之时，总是认为来日方长，一切都可以慢慢地规划，心中所渴求的是那尚未触及的远方。因此，对身边之人也未想到要好好珍惜，就草率轻易地离去。直至今日，方悔恨当初的鲁莽。可是，时光已经回不去了，那杨柳飘飞，芳草如茵的午后，那长亭外的姑娘，我再也见不到了。好不容易想在梦中与她相会，可是却被无情的五更钟声吵醒。一时之间，心中宛若下了一场三月春雨，那飘在雨中的花瓣，就是我那无法挥去的忧愁。

在上片的后两句，以“残梦”和“三月雨”来言自己的离情之苦。梦中美好的一切尚未完全走远，可是，五更的钟声提醒着我，那终究只是一场未做完的残梦。愁思缠绕，如霏霏细雨，离情之悲苦，难与人说。这两句所描之情，所写之景，显得婉转，幽深，读之，让人不由心生悲戚之感。

在下片中，以抒情为主，承接上片的“残梦”和“三月雨”而来，极言思念离愁之苦。同时，运用白描的表现手法，在情感上形成了极为鲜明的对比。前一句还在说无情的好处，自己因为多情，饱受思念之苦，受尽了情感上的折磨，倘若可以做到无情那该多好啊。但下一句，却笔锋一转，自己心里的情思早已化身千万，丝丝缕缕，悠游于天地之间。因自己无法做到无情，故始终无法找到一个解脱之法，只能任由那相思充溢在心间，无法遏制。

虽然从此首词的解读当中可以看出，晏殊采用了一种“女性化”的写作手法，但是综合来讲，全篇所表达的思念之情，实在是感人至深。

最是那句，“天涯地角有穷时，只有相思无尽处”。

尘世当中，有人来有人走，生活中，有人得到有人失去。

没有过不去的昨天，也没有到不了的明天，所有一切，无奈的会更无奈，但是你也只能承受。

最怕的是毫无征兆的别离，后会无期。

浩瀚的星空，忧郁而苍茫，你可知那天上的每一颗星星，都在璀璨的夜空，默默地诉说着我对你的思念。

晏颖的离去，就像破茧成蝶一样。可是只给世人留下了残破的壳，谁也没有再见过，当年那只美丽多情的小蝴蝶。

以至于后来，晏殊都无法接受弟弟已经离去的事实，在某个开满鲜花的山坡上，清香扑鼻的梨园里，在狼毒花肆意绽放的原野上，在小商贩络绎不绝的大街上，在孩子们高高放飞的纸鸢里，他总觉得那开得最美的花上的那只蝴蝶，那阳光下最美的一抹色彩，就是自己的弟弟，他并未远离自己的生命。

如果真的像传说中的那样，弟弟就是来人间陪自己走一程，终究自己已经金榜题名，他的使命就完成了。他也从未离开过，一直陪在自己身边，化身那春天里的一只叽叽喳喳的小燕子，夏天里一朵骄人的芍药，秋天里那梧桐树下的一片落叶，冬天里那飞舞的一片雪花，来为自己作诗写赋，增添无数的灵感和乐趣。

手足离开，是年轻的晏殊人生当中经历的第一次生死，可能因为当时太过年轻也太过悲伤，以致失去弟弟这件事情，成了他后来的人生中一片不可抹去的阴影。

又是离歌，一阕长亭暮。只是从此你该相信，必有菊花开在家园的后山，悠悠的思念，在月圆之时，溢出你的酒杯。

第二章

红颜未长久 怜取眼前人

情迷·结发为夫妻 恩爱两不疑

浣溪沙

一向年光有限身。等闲离别易消魂，酒筵歌席莫辞频。

满目山河空念远，落花风雨更伤春，不如怜取眼前人。

这首《浣溪沙》是晏殊较为著名的作品之一，尤其是下片“满目山河空念远，落花风雨更伤春，不如怜取眼前人”。

对于此词，不少人都觉得这是晏殊在仕途得意之时，歌筵酒酣之际用以感怀春光的易逝、季节的轮换。词中以时空转换来感叹人生短促，离别无常，即使山河壮美，亦无法让美景常驻，不如好好珍惜现在，珍惜那些应该珍惜的人。

但笔者认为此词是晏殊对人生的概括和态度，无论是亲情、爱情，还是婚姻、仕途，他都知道应过好当下。“满目山河空念远”“不如怜取眼前人”则道出了深刻的人生哲理，升华了全诗。

日月如梭，闲暇的时候遭遇别离，更容易让人“为伊消得人憔悴”，对于有人邀请的酒宴约会不要拼命拒绝人家，要知道，所有过去和不舍，都像远处的青山，看似并不遥远，却是虚无缥缈的东西。不如，就好好珍惜眼前的人吧，爱情也好，友情也罢。

说到感情，晏殊并不是个很幸福的人，他的爱情路可谓坎坷艰辛。李氏——晏殊的结发之妻，亦是出身官宦之家，与他情投意合两情相悦，但好景不长，结婚三年之后撒手西去了。

后来，他娶了第二任妻子孟氏，然而花好月圆人不长久，也只是在陪伴他十三个春秋后逝世。

婚姻的不如意，爱情的磕磕绊绊，让晏殊一直都有着未能“与子偕老”的遗憾。于是，王氏成了他的第三位夫人。

据说，晏殊家中曾有一个唱功极佳且容貌俏丽的歌伎，性情温婉，十分有个性，深得晏殊喜爱。但由于新来的王夫人对她颇为嫉妒，后来想方设法将其赶出家门，致使她流落街头。后来晏殊在好友词人张先的词中得知其处境非常悲惨，又将她召回府上。

晏殊实在是个苦情的人，因为喜欢的人似乎都无法与之长久相伴，始终不够圆满。因此，即使晏殊一生仕途顺达，享尽荣华富贵，但依旧无法弥补感情的缺憾。

这些坎坷和波折的感情经历，引发了晏殊对生命与生活的思考，他总在诗酒言欢的时候产生淡淡的忧愁。

尽管他早就看透了一切，及时放下心中的执念，投入到新的感情当中，不去怀念像遥不可及的山河一样离去的旧人，知道珍惜眼前的人，但是眼前人都没有长久地停留在他的生命里。这实在是人生一大遗憾，天长地久无尽时，你我恩爱却有期。

春日的傍晚，白天卖小吃的商贩，往来交换货物的商贾都已经不见了踪影，整条街都已经安静下来，偶尔会有飞过的鸦雀传来叫声。晏府门口人群来来往往，好不热闹。

明日就是晏殊成婚的大喜日子。大红灯笼和红罗帐早早就挂了起来，新房里的东西也准备得差不多了。家里人忙忙碌碌地准备着，真的是人逢喜事精神爽，晏夫人也显得比以往更有神采，叮嘱下人看看哪里还有没收拾好的地方。

明天就是十五了，月亮也远远地挂在天际，看着大家异常忙碌，听着母亲一遍遍叮嘱明天需要注意的礼节和事项，晏殊深切地感受到了成婚真的是一件很严肃的事情。

和所有要成亲的年轻人一样，他也会有大婚在即的诚惶诚恐及紧张。夜已经很深了，总算是安顿完所有事情，晏殊也已经很疲累了，不久便沉沉睡去。

这一日，天气晴朗，万里无云，湛蓝湛蓝的天空下，晏府门口的两个大红灯笼格外显眼，今天喜鹊儿的叫声都比以往欢快，仿佛知道今天是个大喜的日子。亲朋好友齐聚一堂，欢欢喜喜地祝福二位新人喜结良缘。

晌午，一阵噼里啪啦的鞭炮声在大门口响起。这一天对另外一个家庭来说，也是个值得记住的日子，家住另外一条街的李府也正在张罗着闺女出嫁的事。

新嫁娘正是时任太常寺奉礼郎的李虚已之女双儿。李双儿性格柔顺，虽无倾城之貌，却也是清丽温婉，又知晓文墨，是个才貌双全的人儿。这几年提亲的人也是纷至沓来。

李虚已就此一个女儿，自是千般疼爱，万般呵护。对于择婿，更是挑剔不已，再三筛选，终在同城选了晏殊。晏家与李家同是书香门第，官宦之家，正好门当户对。其实当年李虚已收晏殊为徒的时候，就十分看好这个才华横溢的年轻人。

能让爱徒迎娶自己的女儿，真是好上加好，李虚已心里十分高兴，这算得上是人生的一种圆满和得意，他和夫人尽心尽力地筹备了这一场婚礼。

这一日的李双儿，身披霞衣，头戴凤冠。上身是一件大红色的对襟小袄，下着红色襦裙，衬得她体态婀娜。略施粉黛的她显得更加清丽脱俗，肌肤胜雪。一双削葱似的玉手略显紧张地交叉着放在身前，指甲修剪得非常干净，圆润晶莹，宛若倒扣在指尖的粉色贝壳。书上说青葱玉指，手如柔荑，也不过如此了。可能每个女孩子在出嫁的那一天，都是这个世界上最美丽的女子，巧笑倩兮，盈盈然兮，夫君疼兮，日子美兮。

时辰快到了，眼看着娶亲的花轿就要来了，母亲王氏忍不住再次叮嘱李双儿，提醒她为妻之道，要她尽心侍奉夫君，孝敬公婆。李双儿一一回应母亲，并将此番话牢牢地记在心里。

吉时已到，双儿被陪嫁丫鬟搀扶着，坐上了八人抬的大轿，在三媒六聘中，风光无限地嫁进了晏家。一贯冷清的晏府好多年都没有像今天这样热闹了。晏殊的父亲晏固虽然曾在抚州府任职，却一向喜爱清净，很少与其他官员交际。晏家是特别传统的家庭。晏殊做官以后，每逢回乡，虽难免受到抚州当地父母官的热情款待，但在晏固看来，那也只是儿子回来暂时享受到的热闹时光。

听说当年的“小神童”晏殊要大婚了，一时间亲朋好友，街坊四邻，都纷纷前来道贺。一向宁静的小院儿里，到处是欢歌笑语，一派喜气洋洋。按照正常的规制，二位新人拜天地拜高堂，送入洞房。

洞房之内，晏殊有点紧张地揭开了新娘的盖头，脸色绯红的李双儿害羞地抬起双眸，凝视着这个已成为自己夫君的人，发现他极其俊朗。而此时的晏殊，也在心底对眼前这位娇羞的小娘子生了爱慕之情。

两人你一言我一语，尽兴地聊了起来，毕竟郎有情妾有意。所谓人生之幸福，大概也莫过于此，洞房花烛，良宵美景。这一夜月色如水，屋内红烛的火焰摇摇晃晃地亮了一宿，仿佛在陪着天边的月色。

晨起，双儿向夫君请安问好，便起身，为他端茶递衣。

大堂之上，晏父晏母已经坐好，准备新儿媳来敬茶，简单洗漱之后，晏殊和双儿手挽着手上前来。拜过公婆，双儿恭敬地奉上茶，然后矮身行礼，一段鹅颈似的雪白脖颈露了出来，真是个可爱的人儿，看得晏母也不禁对这个新儿媳心生喜爱。

离开父母，嫁为人妇，也就意味着已经是个大人了，成家立业，就要站在一个新的起点上。从此，李双儿开始了她在晏府的生活，她恪守为妇之道，对待夫君尽心，对待公婆关心，对小叔子也很好。于是，通情达理的李双儿很快就得到了大家的认可。与夫君也是郎情妾意，你侬我侬，一家人其乐融融。

细数晏殊这一生的种种经历，大概此时是最幸福的时光，夫妻恩爱，父母健在，前途光明。

新婚夫妻，如胶似漆，他宠着她，一步也不愿离开她。晚风习习之时，他拥着她细数天上的星星；烈日炎炎之时，他为她在树荫下择一方休憩之所。两人时而摆酒唱和，时而琴瑟和鸣，不亦乐乎。就连她出门买布，他亦要跟随，陪她逛街。倘若听闻戏楼里有了传唱的新曲，他亦为她找来，两人细细研讨一番。要是有朋友串门，他会兴奋得像个孩子一样介绍她，让朋友都唤她一声“嫂夫人”。在她想家之时，他会体贴地陪她回娘家，始终温文尔雅，雍容自若。

相爱的两个人在一起，心灵总是像春水一样丰盈、润泽。夫妻两人，情感相通，春则慵懒而睡，温暖欢欣；夏则林荫小憩，静听蝉鸣；秋则林中漫步，一叶悲秋；冬则红泥火炉，观雪赋诗。四季景不常，情却长绵绵。

梁羽生曾有一首脍炙人口的《浣溪沙》，录全词如下：

只羡鸳鸯不羡仙，烽火未许换年华。玉钗重合镜重圆。

愿向江湖同展望，且从游侠拓新天。相期毋负此良缘。

其中“只羡鸳鸯不羡仙”一句，真真是令无数人折腰之名句。

诗人都羡慕鸳鸯的相亲相爱，和对待爱情的坚贞不渝，天下太平，岁月静好，没有战乱，年华就在你侬我侬中流逝了。断了的玉钗和碎了的镜子，都是可以再修补好的，愿我们像两只站在人间的小松鼠，背靠着背望着这清淡的人间。且从此开始可以像游侠一样去开辟一番新天地，相互期待着，彼此不要辜负了这美好的姻缘。

李双儿爱牡丹，开春天气转暖，晏殊就命人移来了两株白牡丹，亲手栽种在院子里。

春风和煦，淫雨霏霏，未几何时，庭院里的白牡丹竟吐出了嫩芽，碧油油的。李双儿见了欣喜异常，晏殊亦为之欢欣鼓舞。未过一月，枝条抽新，很快枝繁叶茂，长势喜人。三月之时，已是满树碧绿，青翠欲滴，更有花苞悄然吐放，傲立枝头。

看着牡丹花悠悠然变化的李双儿满心欢喜，真是花开人美春意闹。

一月之后，枝头的花苞已然尽数开放，一朵朵如白色的流云般层层叠叠。足有小碗口般大的花朵争先恐后地在初夏的凉风中摇曳，发出阵阵清香，令人迷醉。在经历了一秋的沉淀，积蓄了一冬的精气，经历了一春的努力后，如今，它们轰轰烈烈地绽放了。

每一朵都恣意怒放，裹挟着一股排山倒海之势。不开则已，若开，则必倾尽所有，完美绽放，让见者满心满眼都是敬意和欢喜。

风送香袭人，让人隔着老远就能闻到一股专属于它们的独特花香，见过晏殊家中牡丹的人都说，晏夫人心善人好，连养的花儿都仿佛通了人性，在阳光下开得那么美丽大气。白色的花朵中间是紫莹莹的花心，金黄色的花头羞羞答答地露了脸儿，像一个欢喜的小孩子，惬意地笑着。

晏殊和李双儿结婚的前两年，真的就如同这开好的花一样，是天造地设的一对璧人。只是，命运从来多磨难，苍天总是妒红颜。

当初有多美好，后来失去李双儿的晏殊就有多心痛。结发为夫妻，恩爱两不疑，只以为恩爱就好，信任就好，没想到在后来的人生路上，我的生命里偏偏缺了一个你！人都是有这样的心理，如果不能长久地拥有，那么我宁愿从来就不曾遇见。只是苍天弄人，偏偏让你爱到心坎上了再猝不及防地夺回去。

成婚的第三年，李双儿因病撒手西去，只留下悲伤的晏殊，一个人在四季的风景里轮回。

转眼又是暮春时节，柳絮随着漫天的轻风微微飞舞，清风吹着开落的花瓣洋洋洒洒落了一地。傍晚处理完手头的政务，晏殊独自坐在城郊常去的那个小亭子里小酌。

浣溪沙

一曲新词酒一杯。去年天气旧亭台。夕阳西下几时回？

无可奈何花落去，似曾相识燕归来。小园香径独徘徊。

听着一首词喝着一杯美酒。想起去年同样的天气也在这个地方，隐藏在林间的一个小亭子，我和你来看晚霞。西下的夕阳什么时候才又转回这里？落花散尽春去也，任凭你再无可奈何，这满树的迎春花开过了终究是要落去的，连那翩翩归来的燕子都好像是旧相识。

花园里，花香弥漫，一条斜斜的幽径延伸至花丛深处。在这条我和她曾走过无数次的小路上，留下过多少欢笑。但如今，我只能独自一人沿着它徘徊。春天还是那个春天，亭子还是那个亭子，燕子也还是那一年的燕子，可是我心爱的妻，你在哪里？

燕子秋去，会在春日归来；杨柳岁枯，会在来年抽新；桃花凋谢，会在下个春风里重新绽放。但是我心爱的人，你是否还能回到我的身旁？

这世间最痛苦的事情，莫过于爱离别、求不得之苦，像湍急的河流，夜夜叩击脆弱的心房。

有一些东西，我们可能这一生也无法忘记。

总有一些唯美的文字，可以让你在旅途的劳累中安放疲倦的心灵，也总有一些特殊的人儿，会跨越时空，牵扯着你的心扉。

归有光曾在《项脊轩志》中写道："庭有枇杷树，吾妻死之年所手植也，今已亭亭如盖矣。"仅此一句，将心中对亡妻深深的思念和浓浓的爱意表现得酣畅淋漓。其他什么都不用多言，这一句，就足以证明诗人对故去妻子的悼念，说明一个男子对爱人的刻骨深情。

想起以前看到过这样一句话：感情欢愉过了，剩下的，剩下的就只是煎熬了……

江城子·乙卯正月二十日夜记梦

十年生死两茫茫，不思量，自难忘。千里孤坟，无处话凄凉。纵使相逢应不识，尘满面，鬓如霜。

夜来幽梦忽还乡，小轩窗，正梳妆。相顾无言，惟有泪千行。料得年年肠断处，明月夜，短松冈。

苏轼写亡妻，起句就是茫茫。活着的人与故去的人无法相见，隔着遥遥的时空，无法触摸，这样透着深深的无奈的长情诉说中，就成就了一首千古流传的《江城子》，绵延了千古的感动。

后来人都愿意将这首词，作为悼念亡人的经典之作，只因为它简单易懂，通俗明了，却又超越了单纯的悼念和哀思。这是苏轼在经历了十年的人世沧桑之后才写下的作品，可以说是诗人自己感情的自然流露，情之所至，快意抒发。如果是诗人在刚失去爱妻的时候就作词，恐怕就写不出这后来的苍凉。

原来成就词作极品，是一点也马虎不来的，它需要自然而然的感情流露和恰到好处的即兴表达。可晏殊不是，他没有浓墨重彩地悼念亡人，一句“无可奈何花落去，似曾相识燕归来”就轻轻地刻下了心头的哀思，却是那样久远、那样深刻。

可是上苍给晏殊的欢愉呢？是可悲到了只是山崖上的一支情歌，还是满满一把落红憧憬出未来无限的春光？命运在给了他那样多的欢乐之后，又转眼将他丢弃在了无边无尽的等待和相思里……这究竟是上天的垂怜还是冥冥之中的注定，我不得而知。

那轰然作响的是流云吗？

那傲然而立的是竹亭吗？

那日渐老去的是年华吗？

那苦心守候的是青春吗？

似曾相识的此情此景，只是早已经不见了当年身旁陪伴的人。

续弦·十三载恍然如梦

多情自古空余恨，好梦由来最易醒。

人生如书，这一页给了你无尽的悲伤和哀愁，翻过去，谁能肯定下一页就不会给你惊喜？

人生何处不相逢，指人与人分手后总是有机会再见面的。最早出自晏殊的《金柅园》中的两句，即：“一曲清歌满樽酒，人生何处不相逢。”金柅园自唐末起就是一座府衙后花园。

真宗天禧三年，距晏殊母亲去世已是第四个年头，三年居忧期已满。老家早已有热心人士给晏殊牵线做媒，其中就有一人向晏殊介绍了孟虚舟的女儿，孟虚舟乃是丰城知县，与晏殊也算是有同僚之谊。因此，晏殊在接到此消息后便急匆匆地从京城返回了老家。经过简单的了解后，晏殊便将还并不太熟悉的孟氏迎娶过门。

在滞留老家的这段时间，晏殊为探父亲旧僚，以尽后辈体贴之心，专程去了一趟抚州，并与他们在金柅园再次聚首。此时，离他们上次相聚已有十五年。

在这过去的十五年里，晏殊已从当初的初入官场的少年变成了深谙官场的青年。因才识卓绝，为官清正，被真宗看重，从而平步青云，扶摇直上。又因新婚宴尔，晏殊一时心中激荡，在聚会上吟唱了这首《金柅园》。而如此欣喜轻快的词作，在晏殊的作品中并不多见。

说起酒，是古人写作不能缺乏的一个元素。如果没有酒，就没有李太白

"金樽清酒斗十千"的豪迈与快意；如果没有酒，也许就再难见范仲淹"浊酒一杯家万里，燕然未勒归无计"的浑壮；如果没有酒，可能就不会有李清照"三杯两盏淡酒，怎敌他、晚来风急"的寂寥；如果没有酒，便也就无法看到刘禹锡"今日听君歌一曲，暂凭杯酒长精神"的激昂。

与其他诗人一样，酒于晏殊，亦是人生里不可舍弃的一部分。

中年的晏殊，喜欢召集朋友相聚于家中，宴饮玩乐，快意人生,可能是过早地经历了与亲人的生死之别，晏殊爱热闹的情结要远远重于一般人。只是，宴会上的觥筹交错也终究要散的。

孟氏是晏殊的第二任妻子，也出身于官宦家庭，性情温婉，落落大方，颇具才气。很多时候我们讲，人生其实就是当下，因为心心念念的昨日，你回不去，无比期待的明朝，你到不了，所以当下和眼前才是最真实的人生存在。

带着对李双儿的淡淡思念，晏殊又开始了一段新的感情和婚姻。到了而立之年，人的性情、价值观都逐渐趋于稳定，已经成型，很难再产生爱情这样的东西。晏殊与孟氏的相处，更多的是舒服自在，是不孤单，是酒后回家有灯盏明亮，是饿了归来有佳肴可享。

木兰花·燕鸿过后莺归去

燕鸿过后莺归去。细算浮生千万绪。长于春梦几多时，散似秋云无觅处。

闻琴解佩神仙侣。挽断罗衣留不住。劝君莫作独醒人，烂醉花间应有数。

春燕和鸿鹄都已经飞走了，黄莺随后也会归去的，到最后，只留下我一个人孤寂地面对这世间的一切。仔细想想，人这一生，宛若一梦，就好似那浮萍一般，无根无定。即使你用尽心思，也无法理出这其中的千头万绪。那些曾经出现在梦里的莺歌燕舞，如今，早已烟消云散，不复存在，再难一见。

卓文君当初听司马相如弹琴时，倾心相随；汉皋神女在见到郑交甫之时，解佩相赠。但现在，这些如神仙眷侣般的人儿，都已经离我远去。就算我痴痴地拉着他们的衣角，不让他们离开，可是，依然无法留住他们。世人啊，千万不要独自做一个清醒的人，要不然面对这苍茫的尘世，又该是何等的孤独寂寥。如此，倒不如醉倒在花径间，这样就不会觉得孤独一直相随。

这是按照字面意思，来解读的这首词的原文。更深一步地探究，其实不难理解，此时的晏殊，因为有了孟氏，心头失去父母和爱妻的痛楚已经渐渐地淡了一些，“劝君莫作独醒人，烂醉花间应有数”写的是一种豁达和对待人生的平和。

奉劝你不要做个“众人皆醉我独醒”的人，即使遇到天大的事，也要保持适度的节制。很多时候，自己才是自己最大的敌人。能够克制自己的人，才能更强大地去面对多舛的命途。

有关这首词的下阕，还是或多或少存在争议的。也有解释，下阕以典故将上阕的慨叹具体化了。这里，无论是“闻琴”的卓文君，还是“解佩”的汉皋神女，都非爱情的化身，而有作者自己的政治寄托在里面。

结句也是正语反说，充分表达了词人激愤的心情。这篇词感情强烈，表达却含蓄，比兴手法、传说典故的恰当运用收到良好的表达效果。

迎娶孟氏进门，或多或少地让晏殊减少了一些对亡妻的思念。

正值秋日，晏殊想把家里亭台楼阁，都简单地整修一下。给两个工匠派了活儿，自己又四处查看。这个宅子还是当年真宗赐自己“同进士出身”的时候，一并赐给的，基本上一直没有修理过。

眼下修理一番也好，家里既然有了新的女主人，也该换一换那熟悉的气息了。初秋的早晨，微微有些凉，晏殊正在园子里走，远远地看见孟氏带着衣服走了过来，将一件披风披在他身上，只道，天凉。

让匠人把原先的池子形状重新进行了改造，里面放上了小鱼儿。又从别处移来了一座小假山。等明年这园子就会有一番新的光景了，山水清雅，亭台楼榭。生命中人来人往，晏殊的人生，也像这个改造过的园子一样，翻开了崭新的一页。

春去春又来，好时光总是过得飞快。孟氏是晏殊的妻子当中，陪他时间最长的。

蝶恋花·帘幕风轻双语燕

帘幕风轻双语燕。午醉醒来，柳絮飞撩乱。心事一春犹未见。余花落尽青苔院。

百尺朱楼闲倚遍。薄雨浓云，抵死遮人面。消息未知归早晚。斜阳只送平波远。

门口的帘幕，被风轻轻地吹起，和着柔和的风可以听到外面一对燕子的呢喃。午睡刚刚醒来，漫天的柳絮不停地飞舞缭乱了醒来人的心绪。藏在内心深处的心事，一个春天过去了也没有显露出来，桃树上、梨树上、迎春树上的为数不多的剩余的花，稀稀拉拉地落在长满青苔的庭院里。因为比较闲适，把朱红色百尺长的楼台都斜倚了一遍。

乌压压的浓云沉沉地盖住天空，有细细密密的小雨落下来，就好像抵死都要遮住看景人的脸庞，因为没有得到消息，也不知道现在是什么时辰，是不是适合归去的时间，只能看着斜在天边的太阳，目送平静的波澜去往远处。晏殊的大部分词作，都以淡淡的笔墨勾勒所见到的场景，最终会落到淡淡的哀愁中去，但却不会浓墨重彩地去渲染沉重的气氛。

关于晏殊的几任妻子，没有太详尽的历史资料可以查阅，为数不多的几处都是寥寥几笔轻轻带过。

一日晌午，晏殊实在闷得发慌，就无意间兜兜转转，在卧房的床下的抽屉里发现了一个漂亮的锦盒，打开来里面是对酒杯。这对不知从何时传下来的酒杯，也许已经过无数新人的手，在他们洞房花烛之时，举杯对饮，低眉浅笑。当初订下的盟誓，说要的举案齐眉，白头偕老，却终究抵不过时间。如今，只余这空空的酒杯还诉说着当初的情深意重，深情款款，两情契阔。人，却早已走远，不复再见。

孟氏陪了晏殊十三个春秋之后，逝世了。

当时的晏殊已经年近四十，人到中年。所谓人生最痛，也不过是少年丧母，中年丧偶，老年丧子。晏殊再一次深刻地体会到了亲人逝去的那种彻头彻尾的无力感。十三年，人生能有几个十三年？以为就这样能了了当初未能“与子偕老“的遗憾，以为孟氏是可以与自己执手终老的那个人，然而，老天再一次蓄意制造了生离死别。

陆游曾在他那首千古绝唱的《钗头凤》里这样写道：“春如旧，人空瘦，泪痕红浥鲛绡透。桃花落，闲池阁。山盟虽在，锦书难托。莫、莫、莫！”这里的“锦书难托”，是因为唐琬此时已经为人妻了，因而不能托。然而，晏殊这锦书，实在是不知道要寄往哪里。黄泉之下的爱人，知道自己在对着锦书，表达深切的思念吗？

婚姻的不圆满，爱情的缺失屡屡让晏殊遭受人生的重创，只是，他就如那赣西坚韧的虎耳草，在心头悠悠地执着于“不如怜取眼前人”，活在当下才是正道。经历过至亲至爱之人猝然离世，晏殊反而对生命有了更深层的感悟，他总是能在一切的快乐中敏感的体悟到那纤细微弱的愁绪和伤感。这也就是为什么我们在他的大部分词作当中，都能感受到淡淡的哀愁，明快欢乐的着实少见。

从20岁左右父母相继离世，到两任妻子相继过世，怎么样坚韧的人，才能直面这人生当中，一次又一次的死别？

细数晏殊的词作，当中也不乏很多伤春怀人之作。

踏莎行·祖席离歌

祖席离歌，长亭别宴。香尘已隔犹回面。居人匹马映林嘶，行人去棹依波转。

画阁魂消，高楼目断。斜阳只送平波远。无穷无尽是离愁，天涯地角寻思遍。

酒席上，觥筹交错间，唱不完的是离别的悲歌。长亭里，离别的宴席上，道不尽的是离别的愁绪。那飞奔而去的骏马，在身后扬起阵阵烟尘，阻挡了凝视回望的视线。虽不忍离去，但马声渐消，人亦渐远。那重重叠叠的树林中，隐约传来送行人马的声音，可是，远行人已经在江波荡漾中乘舟而去。

画阁高楼既是过去相聚之所，也是别后伤心之地。悠长的画阁之上，我独自黯然销魂，高楼望断，不见来路，只能遥寄相思。在瑰丽的夕阳下，江波浩渺，波光粼粼，一望无际，再也没有所念之人的影子。人间最难消受是离愁，面对此情此景，我真想立即飞到天涯海角，去寻觅心中思念之人。结尾之句直抒胸臆，表明对心上人无穷无尽的思念和怀想。

这是一首送别的词。晏殊作品当中有不少作品抒发和表达相爱男女的离愁别恨。此作品的特别之处在于，它既不是表达别后思念之苦，也不是陈述由离愁引发的人生感慨，而是写出了饯别、相送、别后思念的痛苦情感和现实历程。

可能人都是这样的吧，哪里不能圆满，就更加想在哪里求个完结。一直想追求情感完美，便是晏殊最大的情结。

岁月·泪滴春衫酒易醒

这一年的晏殊，已经四十多岁，朝中事物也早已经处理得游刃有余，多了更多闲暇的时光。再生性淡薄的人官居至此，难免喜欢一些曲艺歌舞。经历了那么多悲痛，一颗心也早已经变得淡然，有空的时候他常常去京城一家名叫红怡楼的园子里听曲。

那一日，晏殊和一个好友前往红怡楼听曲儿，恰逢台上一个歌伎正在唱《霸王别姬》选段，那曼妙的舞姿，窈窕的身姿，婉转的唱腔，着实羡煞了台下的观众。一曲毕，耳边仿佛还会回响着妙音。晏殊看到这女子唱功甚好、容貌俏丽，不禁为之心动。

一个时期的文化繁盛，离不开当时繁荣发展的社会经济。也正在两宋时期不间断出现的盛世之治，为曲艺词作的发展，提供了良好的社会经济基础。

宋代的曲子，大都是沿袭了唐代民歌的基础格调，流传时间久，因此在民间也格外受欢迎。渐渐地，前去红怡楼听多了那女子的曲，晏殊成了台下最忠实的观众，只要有此女子唱曲的日子，他都必定亲临现场，这就是我们今天所说的粉丝吧。

后来，经过朋友从中联络，晏殊直接将女子买下来带回家中，组建了一支乐舞队，专门用来在自己的宅邸里献艺演奏。

说起来晏殊对这个名叫婉儿的女子，甚是怜爱，只是歌伎总归是歌伎，已经是朝中权臣的晏殊，身份早已经不同，歌伎不可与小妾同日而语。

家里终究还是需要有个女主人来操持的。于是，后来迎娶的王氏，成了晏殊的第三位夫人，陪伴他度过了余生。

少年夫妻老来伴，虽然二人少年时不曾做夫妻，但好在老来还能做伴。

进了门相处了一段时间，晏殊才慢慢察觉王氏并不如前两任妻子那样知书达理，性格也是刁蛮任性。只是木已成舟，四十多岁的人对于人生的第三位配偶，已经是懒得再去计较，睁一只眼闭一只眼能过去就行，说到底不过是搭伙过日子。平日里晏殊忙于朝政，空闲时一起吃饭，大体上都好。

晏殊与婉儿相遇在先，因此难免对婉儿有所偏爱。有朝臣相约在家中赴酒宴时，晏殊都要让婉儿带领其他舞乐人员献上一曲。

这一日，刚好晏殊约了几位好友在家中一聚，主人家坐上席，众好友分列两旁。大家都听闻晏府有一个乐舞队，能歌善舞，早就想亲自一睹风范。酒过三巡，免不了要歌舞一番。这次演的舞乐名叫“云水趣味”，伴着轻盈明快的节奏，舞女们纷纷踩着步子摆开队形，几个节拍之后，音乐风格骤转，只剩下玉磬空灵的敲打声。

这时众宾客看到一个身着一袭粉红色衣裙的女子，盈盈然从远处翩然而至，如鸿雁般在空中轻舞，舞姿轻盈、飘逸、柔美、自如。

舞毕，现场宾客纷纷拍掌叫好，庆幸自己能够见到如此美妙的舞姿，称赞晏殊的乐舞队确实名不虚传。晏殊自是非常高兴，一边开怀大笑，一边注视婉儿，点头表示肯定。二人交汇的目光，分明郎有情妾有意。

而此时的一切，早就被坐在晏殊身旁的王氏看在眼里。自从她进了晏家的大门，就看到晏殊对这个歌伎喜爱有加，常常在重要场合让她献舞，还赏赐贵重首饰给她。她一个小歌伎凭什么得到这样的恩宠？自己才是这个家正牌的女主人。王氏性格刁蛮，为人刻薄，这一场酒宴得了头彩的婉儿，自此更加招来她的嫉妒和仇恨。

一日上午，晏殊被仁宗召进宫去议事，由于侍卫催得紧，晏殊匆匆换了衣服便赶着进宫去了。好容易看到夫君外出，估计一时半会也不会回来，王氏眉头一皱，计上心来。王氏出嫁的当天，娘家给陪送了一对玉镯，在当时算是比较贵重的东西了。

王氏让丫鬟把正在练舞的婉儿叫来，说自己有个绣花的针线活儿，需要她帮忙看一下。婉儿素来心地善良，不与人争执，况且现在是晏府女主人叫她，当然没有不去的理由。

王氏早就吩咐贴身的陪嫁丫鬟，等婉儿与她在自己的房间谈论刺绣的时候，将玉镯悄悄地放在婉儿的房间。

于是，一桩歌伎偷盗正牌夫人陪嫁玉镯的案件，就这样诞生了。王氏的说法是这样的，睡醒午觉她正要准备收拾梳妆上街赶集，发现自己盒子里的玉镯不见了，便把全部的家丁召集起来四处寻找，最终有人在婉儿房间的枕头下面，发现了玉镯。

一向性格温顺的婉儿，虽然不知道这玉镯如何从天而降，但是终究也百口莫辩，正巧今儿老爷进宫去了不在家，其他的下人想帮忙求情，却无能为力。王氏一心想要赶走婉儿，这眼中钉肉中刺她早就想除去了，老爷不在正是老天给她的好机会。

婉儿永远也不会忘记，王氏尖刻的声音，一直回荡在小院儿里："你这个狐媚子，小小年纪不好好做人，非要偷盗，在晏家这几年想来也从不缺吃穿，你不安分守己做你的歌伎，为何要做这等见不得人的事情，我晏府丢不起这人，你且赶紧收拾东西，滚出这家门去。"如此辱没人的言语，听得婉儿脑袋都嗡嗡作响。

虽然婉儿是歌伎，但是从小父母教她做人诚实守信，不能贪图便宜，拿人财物。得老爷知遇之恩，在晏府的这几年吃得好睡得香，终于不用像在怡红楼一样，整日卖笑，还要为那些讨厌的人献艺。

加上老爷对自己喜爱有加，一向厚待，她只有苦练技艺，才能不枉费老爷当年的知遇之恩。可以受冤枉委屈但是不能受人侮辱，小小歌伎纵然卑微，也是有自己的人格尊严的。

再也不想听王氏的辱骂，婉儿擦干眼角的泪水，起身走出了晏府。而此刻的晏殊，正在与仁宗和几位大臣商议关中旱灾严重的应对策略，根本不知道家里已经发生了鸡飞狗跳的事情。

走在街头的婉儿，心里万分凄凉，此时长安街的十里繁华，只会让人觉得孤单。周围热闹喧闹，然而于自己又有何干？

原来在红怡楼，虽然过得不是很好，好歹也是有个归处，可以安放身体和鼾声。眼下被人赶出来了，去往哪里都不知道，婉儿很迷茫，感觉自己就像那一片被风吹落的叶子，晃晃悠悠地不知落到哪里去，该往何处去，该与何人栖。

等晏殊回到家中，婉儿已走了大半天。问过下人，这才知道婉儿已经被逐出家门了。

还没等晏殊前去质问，王氏就恶人先告状，说那样的风尘女子留在家里终是不妥、偷盗会坏了晏府的名声之类，她还暗示夫君，如果他执意追那个女子回来，自己就离开这个家。

年过四十的晏殊，实在是没有精力在这些小事情上跟这个不懂事的夫人计较了。想来王氏既然做好了要趁着他不在下手的准备，肯定早早堵上了家里下人的嘴，就算他追问也是无用了。

婉儿离开晏府的那几年，晏殊的家庭生活过得并不非常舒心。晏殊还是常常约上两三好友，去郊外吟诗饮酒，快意人生。至此，人生就如一潭死水。该经历的政坛风波，他都遇到过，不该失去的至亲和爱人，他也已经失去了，还有什么是很重要的？于他而言已经没有了，人生从此就只剩下诗马歌酒，好不快哉。

如此，光阴在晏殊的摆酒唱和、纵横诗情中悄然走过，时间已是庆历三年。这年三月，晏殊刚刚做了宰相。几个月之后是王氏的生日。那日，宰相府中，张灯结彩，画堂开雅宴，京城的名流和群臣都赶来为王氏祝寿，晏殊也在酒宴上，当着众人的面，作了一首《拂霓裳》为王氏庆祝。当时，朝廷封王氏为荣国夫人，真是喜上加喜。晏殊感激皇恩浩荡，在为妻子祝寿之际，也与其一起拜谢九重。

拂霓裳

庆生辰。庆生辰是百千春。开雅宴，画堂高会有诸亲。钿函封大国，玉色受丝纶。感皇恩。望九重，天上拜尧云。

今朝祝寿。祝寿数，比松椿。斟美酒，至心如对月中人。一声檀板动，一炷蕙香焚。祷仙真，愿年年今日、喜长新。

这首词细腻完整地描绘了祝寿当日热闹的场景，生日宴会上，美酒佳肴都依次端上来，歌伎舞女们即兴起舞，为现场增添了欢乐祥和的气氛。众宾客集聚一堂，谈天说地，恭祝主人家喜上临门。祝愿妻子寿比松柏万年青，斟上一杯上好的美酒，递给身旁的妻子，自己也倒上美酒，两人开心地对饮，相视而笑。我对妻子的这颗心，就像对待月中的人一样真挚。

此情此景，尽管看上去极尽人间富贵，荣耀恩宠，却显得那样平凡而朴实。“愿年年今日、喜长新”，只不过是表达了一个丈夫对于自己妻子最真诚的祝福，在自己的荣华富贵也与她共享的同时，只愿她能长寿，长长久久地陪伴在自己的身旁，不要分离。

如此而已。

在失去两位妻子之后，他的心愿便剩下这一个。这样的愿望，看上去卑微又奢侈。卑微是说，他当时已经贵为宰相，对夫妻百年好合的期盼也和普通人无异；奢侈是说，无论用多么美好的词作去表达，用多少深情去祈求，这卑微的愿望仍然有落空的可能。

因此他为夫人写过很多的寿词，仿佛每一次寿诞，都是从命运那里偷来的时光，都是难得的奢侈，如若不珍惜、不感恩、不深情祈求，就会永远地消逝了。

晏府花园中的芙蓉花开得正艳，帘外的燕子双宿双飞。就在这天，晏殊携夫人游园赏花，为她作赋。只愿两情长久，可到白头，如此便不再介怀那一朝一夕之光阴。可是那些年的接连失去，已经让晏殊不敢再期盼世人所期许的天长地久，他要的就是朝朝暮暮，就是每一个执子之手的良辰美景。

谁知道明天和意外，哪个会先到来，不如活在当下，把今天过得圆圆满满，管明天什么样呢。

别人都着意于写人世的悲情，晏殊却要趁着节日来表达自己的祝福。写悲情更有可能会语出惊人，而写祝福就容易落入俗套了。因此也有后来人评价，晏殊的词总是带着很多无病呻吟。

如果这个悲情的男子，不断用苍凉和悲伤的手法，去描绘他所失去的每一段感情和每一个人，恐怕也只能得到世人的几句唏嘘。可他偏偏就是不直接写失去的悲痛，而是以明朗的词藻、淡淡的情怀去表达心中的期盼。从某种意义上来说，他就是不敢去正视这种悲伤的失去，淡淡的期望反而表达了他强烈的心中所想。晏殊一生见了太多的生死无常，生死的痛切对于他来说，只是生命的凋谢，是托起现实生活的点滴，没有必要用尽一生去追忆。

采桑子

时光只解催人老，不信多情。长恨离亭。泪滴春衫酒易醒。

梧桐昨夜西风急，淡月胧明。好梦频惊。何处高楼雁一声？

这首词笔法轻巧空灵，感情深沉含蓄，在描景状情中抒发了人生感慨，叹流年易逝，光阴不再，人老迟暮，长恨离别。词的基调虽悲凉，但并不凄厉，风格哀怨却也清丽。

时光不解人心，只是知道一个劲儿地催人老，丝毫不相信人世间的多情。晏殊开篇两句，用埋怨和责备的语气讲述时光的残酷无情，将时光拟人化。但实则是在心底感叹，人生自古伤离别，面对那些已经离去的人，过多的思念，让人越发苍老。“多情”二字，总摄全篇。

对于送别离人的那个亭子，心头常常怀有一种怨恨，眼泪滴到单薄的春衫上，湿漉漉透心凉，更容易让人清醒。但面对这样的离别愁绪，无可奈何，只能借酒排遣，一醉解千愁。恼人的是，即使在梦中也忍不住落泪伤怀，早早地从醉酒中醒来，依旧无法摆脱思君之念。所谓酒不醉人人自醉，借酒消愁也解决不了问题。

昨晚的西风刮得急，梧桐树上的叶子都被刮得哗啦啦响。连一贯明亮的月亮，也在云层当中透着淡淡的光亮，美梦被频频惊醒，不知道从哪里的高楼上传来了一声雁叫。先写不眠，次写惊梦。深夜，萧萧西风中，梧桐叶纷纷落下。窗外，茫茫夜空里，月色朦胧晦暗不明。原本做着好梦，但在这西风的肆虐下，却频频被惊醒。那只能在梦中才能希冀的愿望，多希望它能就那样留住，可依旧还是被无情地打断。于是，现实中的幻灭之感在梦结束之时再次袭来，离情无法挥去。

就连那不知名的雁，也不合时宜地鸣叫，发出一声高亢哀鸣，让人顿觉平添烦忧，心情忧郁。在这空旷的夜里，这突如其来的雁声是如此的孤寂苍凉，响彻天际，仿佛要穿透人心。

这一声代表什么呢？是感觉秋意深深深几许？是预告离人终于不返吗？还是让室内之人备感孤寂？但不论是哪种，这声雁鸣，听来都让人觉得寂寥惆怅，不能自已。

词的上阕以时光喻人，叹其无情。下阕状景抒情，难掩相思，在立意上，显得幽深高远。不仅抒发了时光易老、人生短暂的感慨，而且揭示了一种澄净通达的人生境界。

喜爱晏殊的读者仔细去观察，就会发现，晏殊的词作，大都爱写离愁，但又不仅仅写离愁。至亲至爱都已经天人永隔，晏殊笔下的离别情之所以能淡淡地又深深地直入人心，就是因为他的很多离别，都是死别。

可能当一个人见惯了生死之后，就会很淡然地看待一切了，就像晏殊的这种淡然，是年复一年日复一日至亲至爱离去，悲伤疼痛的尸骨垒起来的。

说到深得晏殊喜爱的那个歌伎婉儿的结局，就不得不提宋代另一个词人张先。张先虽然比晏殊年长一岁，但三人行必有我师，他是晏殊的门生，并且特别受晏殊赏识。

据《道山清话》中记载：“每张来，令侍儿出侑觞，往往歌子野所为之词。”但与晏殊不同的是，张先的词多反应官场生活与男女之情，虽也涉猎当时的社会风貌，但并不多。总体而言，其词语言工于精巧，风格清丽。

张先可以说是北宋词坛上的老前辈。其寿命最长，享年八十九岁，从淳化元年生活到了元丰元年。此时，比他小一辈的苏轼与欧阳修都早已离世。但也因为在世时间长，张先在宋朝的词坛上起到了承前启后的作用，并在相关方面取得了开创性的成就。

张先与同时代的秦观与周邦彦不一样，并不是少年成才，而是大器晚成。仁宗天圣八年，张先考中进士，此时，他已四十一岁。而被正式授予官职，却是在两年后，且只是宿州掾，后来虽升至知县，但直到治平元年，才官拜尚书都官郎中。这年，张先已七十五岁。

张先之所以升迁缓慢，一个很重要的原因便是在地方之时，业绩平平。为官虽不太在行，但这位大器晚成的词人有两个得天独厚的特长：一是诗词写得很出色，常常因此得到上司的赏识。他在担任吴江县令时，曾作了一首《吴江》，诗曰：

"春后银鱼霜下鲈，远人曾到合思吴。欲图江色不上笔，静觅鸟声深在芦。落日未昏闻市散，青天都净见山孤。桥南水涨虹垂影，清夜澄光照太湖。"

这首七律完整地勾勒出了一幅江南水乡春色图，其意境淡雅悠远，风格清淡，用笔着墨之处工于精巧，不仅动静相宜，相映成趣，而且诗中留白，让人产生无限遐想。一时之间，被世人广为传唱。正是凭着这首诗，张先得到了赏识，不到一年便被提拔为嘉禾判官。

皇祐二年，此时的晏殊早已是朝廷重臣，且又在词坛声名遐迩，因此对于同样擅长写词的张先，晏殊颇为欣赏，便将其收归门下，热情相待。相传每次张先到晏殊府上，晏殊都会命令下属跟随服侍，并且家中的歌伎唱的，必定是由张先的词编成的曲儿。后来，晏殊直接举荐张先任通判一职，两人谈论政务之余，便赋词唱和，关系越发亲近。

张先还有一个值得人羡慕的地方，那便是身体非常好。虽然他已有七十五岁，但其依旧精神矍铄，神采奕奕，甚至还能看蝇头小楷。虽然年纪已大，但跟同时期的秦观和黄庭坚等人比起来，在写词上却是丝毫没有出现迟暮才尽之感，反而擅于写言情类词，尤其是艳词。古时，风流才子大都喜欢出入勾栏瓦肆，饮酒吟唱，赋词作曲，以彰显自己的才情，张先亦是如此。他在青年时期也时常出入这些地方，因此在老年时期都还饮酒作乐，即兴赋词。从其在《惜琼花》中写的：“每逢花驻乐，随处欢席”或可窥知一二。

张先擅写艳词或许还与其情感经历有关。据传，他曾有个做尼姑的情人，后两人被迫分手时，张先不甚感怀，赋了一首《一丛花令》，录全词如下：

伤高怀远几时穷。无物似情浓。离愁正引千丝乱，更东陌、飞絮濛濛。嘶骑渐遥，征尘不断，何处认郎踪。

双鸳池沼水溶溶。南北小桡通。梯横画阁黄昏后，又还是、斜月帘栊。沉恨细思，不如桃杏，犹解嫁东风。

文人多情，面对着歌伎，都不免心怀怜惜，张先亦如此。且由于长期混迹其中，对她们越熟悉，便了解得越多，张先对这些身处勾栏的女子更多了一份同情和爱怜。因此，其所写出的词大多清丽婉约，同时，也都显示了这些女子的哀愁忧思和自己的人生追求。

说起张先与歌伎结交之事，就不得不提到另一个人，那个与晏殊有很深瓜葛的歌伎婉儿。

被赶出晏府的婉儿恰巧被张先撞见，张先本就对风尘女子心怀怜悯，今见此歌伎，又知其遭遇，不由心中无限感慨，于是作了《碧牡丹》：“步帐摇红绮。晓月堕，沈烟砌。缓板香檀，唱彻伊家新制。怨入眉头，敛黛峰横翠。芭蕉寒，雨声碎。镜华翳。闲照孤鸾戏。思量去时容易。钿盒瑶钗，至今冷落轻弃。望极蓝桥，但暮云千里。几重山，几重水。”

张先用一种细腻的表现手法，生动入微地刻画了歌伎的内心活动，整首词的基调显得哀怨幽深。尤其收尾之时，更是极尽情状，写出了歌伎被逐之时心中的愁苦无奈及对主人的深切思念。

仔细品读起来，这首词实在是妙极了，且看第一句，装饰一新的步帐上面的红绮摇摇地垂落下来，明亮的月儿要坠落下来了，就像盖上了浓浓的云烟，缓缓走到堂中的香檀前，听到院子里迎娶新夫人进门的全部礼仪规制都已经准备好。这一句暗示了，从晏府迎娶新女主人的那一天开始，婉儿的命运就已经早早地注定了，要有如此的遭遇。

眉头满是哀怨，但是还是在努力地收敛忍着，芭蕉和雨原本都是大自然当中没有感情的元素，这里用了拟人的手法，将被逐人的感情融入其中，想起来，当年也是老爷喜爱，舍得花钱，很容易就进了晏家的门，钿盒瑶钗，也着实被宠爱了一番，只是而今已经被冷落轻弃了，看到接下来的人生，就像是那皑皑的暮云，究竟还要经历几重山几重水呢……

据说后来张先的这首词，被长安的歌伎配之管弦唱起来，一时间风靡京城，引起了很多歌伎的共鸣，在各大园子里唱红了。有一天，晏殊又一次去园子里听曲儿，听到最后两句之时，心中大为震动，不由感叹道："人生行乐耳，何自苦如此。"

说出这句人生本来就是来行乐的，何苦要自己苦自己的时候，晏殊立马明白了词中所写之人，正是当年被自己夫人逐出家门的歌伎婉儿。想到当年的人儿如此落魄，晏殊于心不忍，于是立即命令家仆带着银两，将沦落风尘的歌伎婉儿赎了回去。

如此，婉儿终是在晏殊的所有感情纠葛里，仅有的一段结果较为圆满的故事。说到这位朝廷重臣对于歌伎的喜欢，估计也是与晏殊的某种情结有关吧。唐代大诗人白居易在《琵琶行》里写"同是天涯沦落人，相逢何必曾相识"。当中所表达的，是诗人遇到琵琶女，听到她的遭遇，不由满腔幽愤，两人顿时惺惺相惜，互生同病相怜之感。

所谓物以类聚，人以群分。想来晏殊与婉儿也是，虽然当时的晏殊已经官至一朝之宰相，但是多年来众多亲人的离去，让他内心深处始终有命运颠沛流离之感，一如浮萍无处落根。身世可怜的婉儿，能够引起他心底最深处的共鸣，同病相怜的二人更容易成为知音。

到这里故事有了一个皆大欢喜的结局。只是从此故事再没有了下文，此后婉儿在晏殊心中的分量，只怕再也不及当初那样刻骨。从不敢思量到不得不思量，再到这一刻的不再思量，也是从相遇之初的心动到相爱之时的欢喜，再到相离时的平淡如水，终究是回到了一个原点。

就这样，少年结发的妻在带给晏殊最青春年少的一段时光之后早早离去了。第二任夫人伴他十三年的光阴，以为就此终老一生的时候，又悄然离世。王氏算是唯一的圆满，陪伴了人到暮年的晏殊，他不用再冷冷清清一个人。

纳兰容若有词如下：

人生若只如初见，何事秋风悲画扇。
等闲变却故人心，却道故人心易变。
骊山语罢清宵半，泪雨霖铃终不怨。
何如薄幸锦衣郎，比翼连枝当日愿。

人生若只如初见该有多好，那样就不会有后来的凄然分离。而今想来，比翼连枝都不过是当时的愿望罢了，也只是愿望而已。终究是镜中月水中花罢了。

浮生若梦，一切都只是过程。

等一头白发，某个午后躺在摇椅上眯着眼睛，感受暖暖的阳光透过窗户淡淡地照进来，突然想起那时的你，梳着温婉的小辫儿，一袭白衣盈盈然来到我身边，宛若下凡的花仙子。眉眼间满是娇羞与爱意，乖巧地待在我身边，我练字你必然研墨，我赏景你必然身后相随。一切是那样的温馨甜蜜，情深意重而又快乐无忧。幻想着某天你成了老妇，我便是那老翁。颤巍巍地一起搀扶着去院子里晒太阳。想想，那是一幅多么美好的画面。可惜都成了阳光下的泡影，虚浮的、梦幻的，永远也不可能出现在现实当中。

木兰花·池塘水绿风微暖

池塘水绿风微暖。记得玉真初见面。重头歌韵响铮琮，入破舞腰红乱旋。

玉钩阑下香阶畔。醉后不知斜日晚。当时共我赏花人，点检如今无一半。

细腻柔和的春风，轻轻地拂在人的脸上，让人觉得暖暖的。那清澈透底的池塘水面，也在微风吹拂下泛起阵阵涟漪，细细的水纹一圈圈荡漾开去。自己与那玉真仙女第一次见面的怦然心动，至今记忆犹新。依稀记得，她那婉转柔美的清脆歌声，就如同那回旋而上的山道，回环曲折，最终直抵人心。她那迤逦蹁跹的舞姿就如同春日里风中飘散的红花，轻舞飞扬，迷乱了我的心。

我静静地坐在勾栏的长椅上，百无聊赖。台阶下是花园小径，可以闻到一种清幽的花香。我只得不停地喝酒，以此来麻醉自己，忘却心中的烦忧。醉酒之后，就没了时间的概念，竟然不知不觉间就已经日暮西斜。当年与我坐在这儿看花的可人儿，如今细想起来，有一半已经消失不见。想到此处，空余伤感。

词中之“玉真”本意指绝色女子，但此处是指晏殊家里的歌伎。“铮琮”乃是玉器在撞击之时所发出的铿锵悦耳的乐声。

晏殊不是那种徒然凄切的性格，所以也写不出来那样入骨的悲情，他有他的害怕，害怕失去，所以执着拥有；害怕幸福会很短暂，所以会寄希望于祝福；怕此生不能白首不相离，所以只愿可以天地有尽，白首无期。

晏殊在其作品中，写过不少悲欢离合，但是词中的主人公大多都是朦朦胧胧。

在诗词之外，没有人知道这些来似春梦，去似薄云的女子是谁，她们的命运就这样落在历史的长河里，至多就在我们读词的那一瞬间，渲染开一个旋涡，就又陷入了久久的沉寂。所幸的是，她们曾与那一人相遇，惊鸿一瞥里，已经有她们风姿卓绝的诗词，将美好韶光和油墨书香一起封存在岁月当中，让刹那的风华得以永远延续。

这也许才是一段美丽的相遇里，最精彩的部分。

本首词是一首怀旧之作。年轻之时，邂逅美人，怦然心动。而今，空余追忆，一种惆怅之情油然而生。当初的那些觥筹交错，那些歌舞旋飞的场景，都留在了记忆深处。现在，我只是孤单的一个人，追忆着过去，那些曾一起谈天说笑的人已经不足半。

多么希望那些已经消逝的过去，可以重来，哪怕只是在梦中，这样，至少我的精神有了寄托，不再觉得孤独虚无。可是，世事并不遂人意。今朝相遇，谁知明朝如何。再美好的人事，最终也会在时间的无涯里湮灭。人生这场行走，只能独自走下去。

是的，终其一生我们所能拥有的，就只是回忆，一切都会成为过往，一切都只是经历。

往日之事，犹如泡沫，歌舞再热烈，散场后留下的依旧只有清冷孤寂。此词上下两片相对比，更突出一种强烈的思念之情。同时，还采用了前后互见之手法。而明写、暗示的灵活运用，更是给词增色不少。最后，整首词的布局篇章颇为精彩，构思精巧之中，详略得当，从而在意境上悠远，声韵上亦非常谐婉。

在此词中，晏殊从歌舞起笔，先详写宴会上的歌舞喧闹。然后细致描绘了宴会上歌女舞姿之迷人，腰身之柔软，无一不让人目眩神迷，沉迷其中。但现在已经人走宴会散，一切不复存在，只有天际落日的余晖还斜照着，顿时一股苍凉孤寂之感弥漫而出。这欲坠的夕阳，不正昭示着人之将老，迟暮之景吗？

词的收尾两句，与苏轼的“樽前点检几人非”有相同之意味。读之，都让人平添一股往事如烟怅惘不已之感。不过，此词的结句既让人心生寂寥，也让人在掩卷之时抚眉沉思，回味悠长，其中之意境和韵味，远非物是人非所能概括。

那早已远去的美丽人儿，你可知道，自从你一去不返，我独自一人凭栏寂寥，当初一起种下的绿树红花早已凋零。

只有眼泪，还在生长，开出尘世当中最美丽的花。

万水千山面前，他是个漂泊的左括号，始终无法等到自己心头的那个右括号。牵手，爱情才能完整，然而，世事如烟，未来的路终究只能自己一个人走下去。

晏殊其实也可以像其他文人那样，声色犬马，沉迷女色，纵情风流，出入风花雪月间，留恋觥筹交错里。只是晏殊却不能将每一次分离相思，每一段深情痴恋，尽数写进词中，因为他坐在高处，所以注定要忍受高处的寒冷，摒弃低处卑微俗气却温暖的感情。他的身份不允许他在文字里吐露过多的信息，他便一个字也不多提。

这是晏殊的无奈的理智。

究竟是谁在寂静的夜里唱着凄凉的乐府旧曲？

此时此刻，一灯荧荧如豆，四壁默默昏黄，房中人落寞清寂的影子静静地投在墙上，我等你敲门，所有门，所有灯都在等。蜡烛的泪颗颗掉下来，可我那已经干涸了的泪，到底流到了哪里？

那一年的人已经不知去向何处了，而桃花，桃花依旧笑着春风。

第四章

用尽平生学　久久居庙堂

晏殊，在宋代算得上是一个领先人物，他不仅是词坛领袖，在朝亦是位高权重。就连大名鼎鼎的范仲淹，也是因当初受晏殊的推举，才有后来的官居高位。

在晏殊之前，官学尚未真正开办起来，提倡者更是几乎无人。晏殊却将官学当成一项重大的事情来办，他可以算是最先开办官学的人。观晏殊一生，他虽然并没有什么特别突出的政治贡献在历史上留名，但倘若拨开历史的迷雾，依旧可以发现北宋时期几桩重大的事件背后都有着他的身影。宋代从来不缺少诗词名家，但是能在文坛和政坛都出名的也就寥寥数人，晏殊便是其中一个。他最终能权倾朝野，也与他个人的才华和心计有着密不可分的联系。

总的来说，晏殊在中国历史上并非政绩平平之辈，他的一生可分为四个时期:少年攻读取士，青年平步青云，中年位居高官，老年幽愤而终。

在第一章里已经介绍了晏殊十四岁以前的一些情况，这里我们不再重复提起。晏殊就是晏殊，“神童”后来也成了宋王朝的政治神话，不像仲永那样，天资聪颖却白白浪费了应该去读书学习的时光，终究遭受千年的非议。

庆历三年，这对晏殊来说，是一个值得高兴的年份。在这一年，五十三岁的晏殊迎来了自己官场生涯的顶峰期。他被授予了同中书门下平章事的官衔，让他更为惊喜的是，他被加封为集贤殿学士。这还不算，他还同时兼任了枢密使。

晏殊这一生每个时期各有特点，后面的三个时期基本上是根据他的仕途起落来划分的，但是每一个阶段都有晏殊力求圆满的情怀在里面，在不同的时期他写出了一些流传千古的作品，因此晏殊也被称为宋朝词坛上的“巨人”。

总的来说，晏殊的仕途很平稳，没有范仲淹等人那样的大起大落，这与他谨慎、保守的性格有很大的关系，他三次遭遇贬谪都是轻描淡写的处罚，随后不久就被召唤回京了，可以说是一生为官快意。

青云·九万里风鹏正举

秋日的汴京，处处洋溢着丰收的喜悦。十里长街人来人往，熙熙攘攘。一抬头，看到的是高远湛蓝的天空，这个季节，非常适合“东篱把酒黄昏后”，在年复一年的美景中，哀叹物是人非。

宋真宗三年，一日早朝，文武百官聚集在大殿，开始例行的议事。今日大家都多多少少知道，宋真宗要定夺太子左庶子一事。只是让大家意外的是，这次和以往有所不同，真宗并未征求几个股肱之臣的意见，而是简单地说了给太子选师傅，然后就当场下旨，封晏殊为东宫官。

听见真宗如此直率的决定，大殿上的大臣一时间惊讶万分，纷纷交头接耳，议论不已。在群臣看来，任命东宫官，事关重大，实在不宜如此草率就做出决定，至少应该让重臣们举荐一下，给每个人争取的机会。

这个看似不假思索的决定，实际是真宗深思熟虑后的决定。这段时间以来，群臣都耽于玩乐游冶，只有晏殊远离人群，静心读书，如此专心治学的人，东宫官舍晏殊其谁？这种心性，必定能传太子以勤勉贤德。

原来，真宗选晏殊做太子师，是颇具缘由的。宋真宗赵恒，是北宋第三位皇帝，曾用年号咸平、景德、大中祥符、天禧等。在咸平年间，治理有方，统治日益坚固，国家管理日益完善，社会经济繁荣，北宋国力强盛，出现了“咸平之治”的盛世。由此观之，真宗也是一位很有作为的皇帝。

晏殊为官的时候天下太平，国泰民安。长安的十里长街自然是喧嚣繁华、人流熙攘，茶馆酒楼遍地，但凡是达官贵人，都要去玩乐一番。那些久居京城的官员，经常成群结队地去郊外游玩，或者在城内的茶馆酒肆吟诗作词，听曲赏舞，非常热闹。

而晏殊由于家贫，日子一直过得清淡。由于囊中羞涩，不能像那些达官贵人一般游乐，于是，只好闭门不出，但是日子需要打发，那就只好看书写文章，倒也过得清淡。在宋真宗看来晏殊就是群臣当中那一朵清冽的花，独独出淤泥而不染，不攀附权贵，也不拉拢群臣，内秀自敛，严于律己。因而选择晏殊为太子之师是当时最佳的选择。

朝堂上，晏殊听见真宗对自己的任命，并没有表现得过于惊喜，反而坦诚直言，他告诉真宗，自己其实也很想出去踏春郊游，宴饮游乐。只是苦于囊中羞涩，这才只能闭门在家做学问。若自己有钱，也早就参与宴游了。真宗见他如此诚实，更加看重这个品德兼备的人才。加之之前御赐“同进士出身”一事，晏殊再次成了朝廷上的热门红人，而由于诚信坦率，真宗对他更是刮目相看，青睐相加。

说起来，晏殊虽然算不得千古名臣，但是他在仕途上一路扶摇直上。在晏殊还只有十四岁的时候，他并没有如其他孩童一般还在上私塾，而是已经荣耀加身。这年，他获得了“同进士出身”的身份。虽尚年幼，却被任命为秘书省正字。随后，晏殊又获得了升迁，这次是太常寺奉礼郎。十八岁时，迁光禄寺丞。后来，升为尚书户部员外郎，充太子舍人，在别人看来已然身居高位。官至太子舍人之后的几年里，晏殊隆恩不倦。

真宗天禧四年，这年，晏殊三十岁。古语说“三十而立”，晏殊年仅三十岁时，便已经成为翰林学士，并且兼任太子左庶子，可谓年轻有为。由于晏殊学识渊博，办事干练，为天子解决了不少难题。有史料记载：宋真宗每次碰到疑难之事时，都会传递一张小纸条来询问晏殊。晏殊也十分体贴，经常将自己的奏章谨慎地密封，然后呈上去。他的建议多次得到了宋真宗的赞赏与采纳，深得真宗的倚重，被视为股肱之臣。历代文武百官，谁能有此手笔？晏殊不但给出了君王满意的答案，还讲究了方式方法秘密呈送，如此一来，天知地知你知我知，妥妥儿地维护了君王的颜面。

也许这就是晏殊的过人之处吧，不用文韬武略功高盖主，招来非议和奸佞诬陷，就能不动声色地获得天子长长久久的信任，一切都能处理得恰到好处。

中国人自古以来所提倡的中庸还是有道理的，枪打出头鸟，虎落平阳被犬欺，就是讲不能露才扬己，也不宜卑微寒碜，怎么样能做到适度，这是值得探究的。晏殊在官场上，一贯秉持中庸之风，不过分自我表现，也不着急趋炎附势，这也是长久以来，他能够立于朝堂的原因。

此外，在好几个人生至关重要的节点，晏殊都有最佳的运气，譬如赐同进士出身。乾兴元年，真宗驾崩，颁布遗诏让当时仅十二岁的太子赵祯继承皇位，这便是后来的宋仁宗。因仁宗继位之时年纪过小，便由被尊为皇太后的刘太后临朝称制。

明道二年，刘太后薨，仁宗正式亲政，从此不再是一个没有实权的皇帝。此后，宋仁宗开始了他那长达三十年的执政生涯。综观南北两宋，没有一个皇帝的在位时间有仁宗长。但就是这样一个执政时间最长的皇帝，却有着一段扑朔迷离的身世故事。至今民间流传极广的“狸猫换太子”的故事，其原型就是宋仁宗。虽然因历史演变，已经有了很大的出入，但依旧还是具有一定的可参考性。

这一日天朗气清，惠风和畅，是新君继位的第一次正式朝会。宋仁宗、刘太后，众位朝臣齐聚大殿议事。新君继位，百业待兴，理应处处有新的气象。只是，中国人一朝天子一朝臣的观念，在千百年来根深蒂固，这样的观念就导致了历朝历代的新皇继任，都免不了要整顿一番，以严肃朝纲，震慑人心。

从先帝归西起，当朝以宰相丁谓、枢密使曹利用为代表的不少元老大臣，各自打着自家的小算盘 。晏殊早就在先帝归西的当晚，听闻手下密报，丁谓和曹利用曾经密召人马，密谋相关事宜，他们的最终目的，就是想独揽大权，藐视还是个黄毛小儿的赵祯，想将其变为傀儡。

昨夜月儿圆得就像母亲烙的大饼，天上的炮仗把星星崩碎了，落下来，成了晏殊心头的颗颗愁珠，他几乎整夜未寐，屋内的灯盏亮了一宿。他是在思考，如何才能化解宋王朝这眼前的危局，由于之前备受真宗赏识，作为先帝偏爱的老臣，曾经的太子师，于天地道义于君臣情谊，眼下他都有义务和责任揭穿并打破丁谓、曹利用等人的阴谋，帮助朝廷实现新旧交替的平稳过渡。

已是仕途半生的晏殊是东宫旧人，此时自然对这个新君王肝脑涂地，早已经做好了为大宋朝鞠躬尽瘁的准备。

在大殿上正坐的，是还不满十三岁的少年赵祯，一脸的稚气天真，新做的龙袍穿着看上去还有些大，看着台下文武百官叩拜的场面，他略显拘谨。一旁的刘太后，今日算是盛装出场，浓妆艳抹的眉眼间一下添了不少威严之气。今天的朝会，最重要的事情就是选出合适的辅政大臣，好几个官员当场举荐了宰相丁谓。

按照常理，宰相辅政是历朝历代不成文的规定，因为无论其他臣子能否得到新君赏识，论权谋，论手段，也万万无法与位高权重的宰相相较。而丁谓一旦辅政，也就意味着仁宗将被架空，大部分的权力都将被丁谓等人掌握，天下就有落入旁人手中的危险。

有几个忠于仁宗的臣子，虽然也出来另外举荐他人，但是势单力薄，无法与当朝宰相抗衡。于是，一时之间竟然束手无策。

这时晏殊站出来，提议由刘太后称制，此建议一出，便立即得到了群臣的支持。这个方法晏殊曾于前一晚思虑再三，是否可用，但最后发现似乎没有比此更好的方法，因为毕竟目前自己在朝中的势力，也远远不及丁谓一派，无法与之抗衡。当年自己研读《史记》的时候，也曾学习过其中的一些帝王之道。

所谓帝王御人之术，最好的法子，也不过是寻找能够互相抗衡的力量，达到权力的对抗或者分化，而实现局面平衡。

虽然自己与刘太后接触不多，也并不了解其为人，只是当时狸猫换太子一事，自己有所耳闻。且不论传言真假，晏殊觉得，刘太后当年能有如此胆识敢做此事，才能和谋略一定有过人之处，太后称制虽不是万全之策，但是再怎么样也好过江山落于旁人之手，毕竟母子二人联系紧密，分权给太后，好过丁谓等人阴谋得逞。

事实证明，太后称制对当时的宋王朝，是有裨益的，只是在后来刘太后权力日盛的阶段，某种意义上限制了仁宗的权力。凡事有利必有弊，当时朝野局势如此，这也怪不得晏殊。

宋仁宗在位时间长达四十二年，在刘太后离世之后，仁宗亲政三十年。这样下来总是划算的，晏殊一计太后称制，也算是避开了可能引起北宋王朝腥风血雨的政变动荡。

也正是因为晏殊解决了新朝一番难事，博得了刘太后和仁宗的信任，晏殊再次荣华加身，一时间风光无限。官运也越发顺达起来，竟然一路直接升到了枢密副使。

其实说起来，晏殊一生都是一位比较幸运的臣子，即使偶尔因为小事被贬谪，也在不久后就被召回来委以重任。为人臣子能如此，夫复何求？远不似屈夫子那般，被小人陷害，蒙受屈辱，也不似袁崇焕那样，一片冰心不被信任。

坎坷·高处不胜寒

世间事，没有一劳永逸的安宁，也没有漫无尽头的困苦。很多时候都是山重水复和柳暗花明相互交错而已。从晏殊三十七岁那年起，他的人生开始出现了一些变化，不再如之前那般一路平顺，而是开始有了波澜曲折。这段比起前半生稍显波折的历程一直持续到他六十五岁去世那年。

天圣五年。这年，晏殊刚好三十七岁，对于一个男人来说，正处在一个黄金时段，也正是大展身手的时期。可是早已成名，在官场沉浮二十余载的晏殊却受到了生平的第一次贬谪。他被罢枢密副使一职，已迁刑部侍郎知宋州。

在应天府他大兴教育，创办书院，为国家培养人才。关于这一时期贬谪的原因及培养人才的情况，我们在后面“兴学”的章节会提到，此处不做详细说明。

晏殊在被贬宋州期间，并没有暗自神伤，怨天尤人。而是像打了鸡血般，大兴教育，为朝廷推荐了不少栋梁之材。

试问这样的臣子，哪位皇帝不喜欢？

电视剧《康熙王朝》里面有一个很经典的片段。当时康熙帝玄烨下江南体察民情，到魏承谟（魏承谟是剧中的人物，在历史上并无其人，有人认为他的原型为范承谟）所管辖的区域内，二人君臣对话。康熙帝问他是否备好了当年的军饷，魏承谟先是表达了筹集诸多银两的难处，再逐一汇报银两从哪里来，说到要变卖自己的老宅子，要把为皇帝此行修建的行宫在皇帝走后拍卖了，凑齐银两，给康熙帝双手奉上。

虽然魏承谟只是这部剧中编剧制造的人物，但实在是演得极好。皇帝需要军饷，他就筹集军饷，皇帝所有不方便直接对外说的需求，他都能懂，并且努力满足。

晏殊也是一样的，皇帝和朝廷需要人才，他就大兴教育培养人才，积极举荐提拔人才，这与被贬谪的身份有何关系呢？他正在做的事情，就是皇帝最需要有人做的事情。这样情商和智商都不差的臣子，最得帝王喜欢。被召回京，加官晋爵，那还不是迟早的事儿？

尽管一年后的晏殊接到了朝廷召他回京的诏书。但是这一次贬谪在他的心中还是留下了难忘的痕迹，人生就是这样，什么都顺的时候，人总以为自己是无所不能的，以为理想经过努力实干就能实现，因此即使再稳重谨慎的人，也难免会带着三分得意。

而一旦从得意的境遇里跌落下来，便会突然间对前路充满迷茫和畏惧，患得患失，此后再遇到事情，就无法像初生牛犊一样，无所畏惧了。当年十四岁进京的时候，晏殊年纪还小，就该学会无畏，一个人活到老能有真情几回的天真少年儿郎。

自己因为直言而获得赏识，万万料不到某天也会因为直言而遭遇贬谪。晏殊早年的仕途太顺利了，以至于他根本不懂得明哲保身、处世方圆有度的道理。这一次贬谪也许对他来说是好的，至少，以后再也不会这样了，虽然日后的晏殊并没有改掉性格里的率真，但是待人接物，已经圆滑许多了。

诚然，这一番改变只是如春雨润物，默默无声，只是在他的心里生根发芽，旁人自然不能窥见分毫。在大家的眼里，他依然纵马诗酒，艳舞享乐，不舍得辜负自己那一番风月情怀。

天圣七年，晏殊出任兵部侍郎兼秘书监，升迁资政殿学士与翰林侍读学士。

宋景祐五年，正式称帝的元昊发兵陕西，连连击败宋军。正值朝廷在陕西用兵，晏殊对当时的军事局面做了全面细致的分析，找出了宋军接连失利的原因，还就此提出了新的针对性建议，并上疏仁宗。晏殊请求皇帝撤掉内臣监兵，不让不熟悉战时情况的人去干预战况，而应让领兵的将军获得更大的自主支配和决策权，让他们自己根据具体的战场情况来制订最合适的军事策略。他还建议皇帝亲自招募弓箭手，秘密进行培训，以备不时之需。为了更好地筹集军费，晏殊建议朝廷将皇宫多余的珠宝器物变卖，以扩充军费，其余掌管财务的部门一概撤出。这样，中央财权便直接归度支司所调度。

这些好的建议在当时都被采纳了，在关键时刻这样的策略，快速集中了人力、财力和物力，充分保证了战争时期的国家各项供给，可以说是明智而有效的办法，因此晏殊得到的圣上恩宠更盛。康定元年，晏殊因之前谏言有功，被皇帝特别恩准，还未成为枢密使之时就着手处理枢密院的各种政务。随后，他便顺理成章地升任枢密使。

晏殊此时的官职，是千百年来多少文武百官梦寐以求的，毕竟，每当朝堂或者宫廷有大的节会，跪拜在殿里的都仅仅是略微带有参与政事权力的官员，大部分叩首在殿前院中的，都是小小芝麻官一类，虽然也算是有朝廷命官这一华丽的称谓，总归是不掌实权，在朝政方面说不上话的人。

仁宗明道二年，晏殊四十三岁的那一年，临朝称制多年的刘太后去世了，晏殊随后被卷入李宸妃墓志铭事件，遭遇人生中的第二次贬谪，被贬亳州，以礼部尚书知亳州。

这次被贬的理由多少有点奇怪牵强。李宸妃原是仁宗生母，但当时还只是刘妃的刘太后因为嫉妒，唯恐地位与她一样的李宸妃在顺利产下皇子后会被册封为皇后，就设计将其刚生下的皇子换成了狸猫，等真宗前来探视刚生产完的李宸妃时，见到的不是一个令人怜爱的婴儿，而是一个被剥了皮的狸猫。一怒之下，真宗也不问内情，直接下令，以李宸妃产下妖物为由将其打入了冷宫。后来，刘妃总算如愿以偿生下了皇子，并被立为太子。但是天有不测风云，六年之后，小太子因病夭折，这时的刘妃知道当年李宸妃生的被狸猫调换的小皇子仍没有死，就秘密将其找到，替代自己死去的儿子养在膝下。于是，这个一度离开皇宫，流落在外的皇子再次回到了宫内，成了太子。但是因为当时的刘妃已经权力日盛，宫里没有人敢说起此事。

就在晏殊被贬前一年，李宸妃不幸离世，时任参政知事的晏殊受命撰写李宸妃的墓志铭。由于其中牵涉的内情太过敏感，晏殊左右为难，但皇命不可违，且刘太后尚在世，有关李宸妃的一些重大事件之详委不可直白说出。无奈之中，晏殊只得选择隐瞒，并没有在墓志铭中言明李宸妃就是当朝皇帝的生母。

如果事情就这么过去了，晏殊也不会再有第二次的贬谪。在李宸妃去世一年后，刘太后也跟着离世。于是，原本应当就此沉寂下去的事情被有心人搬上了台面，并且直接上疏仁宗说出了当年的事情。仁宗知道真相后，认为晏殊有意隐瞒，心中震怒，不仅晏殊，那些与此次事件有关或者与晏殊稍有关联的大臣，都遭到了贬谪。

这是晏殊被贬谪时间最长的一次，五年的光阴，就因为皇宫当时狠心人制造的一个事件，其实晏殊也挺冤枉的。对宋仁宗而言，在生母李宸妃在世时，他并不知晓其中的情况，在一切真相浮出水面之后，实在不应该再去追究责任，因为此时追究已经为时晚矣。尽管仁宗本人也是这件事情的受害者，但他总算是阴差阳错地当上了皇帝，千百年来历朝历代皇位的争夺何其惨烈，从某种意义上来说，是祸是福，后人自有评说。

晏殊为官，有一半的时间是在仁宗当政时期。但因为仁宗亲政之时，发生了李宸妃墓志铭事件，晏殊后来在仁宗时期一直未能如在真宗朝时一样顺风顺水，反而是屡次被贬，不断左迁。如此次就被贬亳州，外任五年，始终没能回到京师，进入权力中心。其实，关于李宸妃墓志铭的撰写，晏殊作为臣子，夹在仁宗和当时权势滔天的刘太后之间确实有点为难。但所谓“两害相权从其轻”，仁宗尚未亲政，晏殊自然考虑刘太后的因素多些，否则一旦披露实情，只怕小命休矣。但就是晏殊的这种选择隐瞒的行为，最后还是激怒了仁宗。

于是，在刘太后归西之后，有些不怀好意之人便向仁宗指出晏殊故意不在李宸妃的墓志铭中写出其真实身世，有欺君罔上之嫌。仁宗虽欣赏晏殊，但在此种情况下，尤其是在突然得知自己非刘太后所亲生，而是李宸妃之子，那种惊骇和矛盾之情已然扰乱其心绪。同时，心中纵然对刘太后再不满，也无可奈何，况且还有多年养育之恩，这让他即使震怒和郁闷，也只能另找人出气。因此，晏殊就被有心人推到了这股怨怒之中，从而被迫离开京城，开始了长达五年多的外放生涯。

对于晏殊的贬谪，仁宗给了他两个罪名，其一就是如上所述，晏殊未曾在李宸妃的墓志铭中讲述实话；其二则是晏殊自身的问题，还有人上疏说晏殊曾私自动用官兵建造府邸。不过，以当时官场风气，官员动用官兵力量为自己建府邸已经是见怪不怪。因此，就晏殊获罪的这两条罪名来看，更多的是仁宗在找人撒气，以纾心中烦郁之情。

只是出于人性的本能，仁宗迁怒于朝臣隐瞒真相迟迟不肯将事情的原委告知于他。其实这与他本人的性格和执政方式都是有关系的，即使刘太后在世时，以他文弱的性格，知道了真相也是徒劳的。说到底，还是因为朝政他说了不算。要不是刘太后离世，他甚至不能做一个独自理政的皇帝，更不用说他了解了真相后为那生而不能奉养、死而不能服丧的生母讨一个公道了。

庆历二年，晏殊已经从地方再次回到了中央，并出任宰相一职，同时升迁枢密使加同平章事。

庆历三年八月，朝廷核心官员出现变动，范仲淹和富弼被提拔了上来，两人分别成了当时炙手可热的参知政事和枢密副使。次月，范仲淹上《答手诏条陈十事疏》，提出均公田、减徭役、厚农桑等十项内容。富弼也上疏陈述自己的主张，他们的大部分建议得到了仁宗的支持，并开始在全国范围内施行。但由于新政触及了当时不少官员的利益，从而遭到了反对和阻碍。庆历五年，倡导新政的官员陆续被排挤出朝廷，原本颁布的各项新政改革措施被宣布废止。这就是北宋仁宗时期著名的庆历新政。

新政受到阻挠，并最终以失败收场。新政失败后，宋朝的积贫积弱局面更为严重，但是庆历新政也影响了后来的“王安石变法”，为其变法奠定了坚实的基础。

其实，只要了解范仲淹和富弼两人所提出的改革内容，就能感觉到这和晏殊所倡导的一些主张和想法相似。再细想之，范仲淹与富弼，一个是晏殊的门生，一个更亲近，是女婿，且两人又均由晏殊一手提拔上来。因此大致可以判断，范、富两人在提出新政主张之前，应该与晏殊有过商议和探讨，从而确定了新政的具体内容。

晏殊因生性稳重，谨小慎微，所以在一些时候，会给人一种远离是非之感，欧阳修曾说晏殊是明哲保身之人。但在新政提出之后，朝廷里一些人对新政提出攻讦，大肆传谣，并向仁宗编造晏殊等人已结成朋党的谣言。皇帝最反感朝廷官员结成小团体，加上晏殊为李宸妃撰写墓志铭之事，仁宗心中犯疑，于是晏殊再次被贬，外放颍州。同时，主持新政的范仲淹和富弼也被外调出去。新政就此宣告失败。

仁宗亲政前，一直由刘太后把持朝政，而刘太后为了扩大自己的权势地位，有时甚至不顾朝纲法纪。为此，有次范仲淹不惜当面直驳刘太后，却遭到了晏殊的怒斥。这是因为，晏殊虽然心里认同和佩服范仲淹，但是为官多年的他已经不再是刚入官场的愣头儿青，且再加上屡遭贬谪，于是改变了不少。

富弼最初只是晏殊的门生，因深得晏殊的青睐，被选作他的女婿，从而关系更近了一层。但有次富弼与宰相吕夷简在廷议中相互争执之时，时任枢密使的晏殊一反常态地站在了吕夷简一边，这让富弼大为不快，认为晏殊是在刻意逢迎吕夷简。于是，富弼当着仁宗的面怒斥晏殊，认为他性情奸邪，勾结吕夷简，并有欺瞒皇帝之嫌。后来，曾有人用上述几件事来判定晏殊在为官上倾向于保守。其实，这并不正确，晏殊虽然没有公开支持他们，反而斥责过，但从根源上来说，这正是晏殊为官多年后的谨慎，喜欢采用一种委婉的方式解决问题，而不是直面碰撞。尤其是在面对皇帝之时，更应当谨小慎微，否则会付出惨重的代价。

官场之上，如果过于莽撞，锋芒毕露，反而会招致非议。为官者当学会稳重，心思缜密，这样才能长远。作为师长，晏殊有义务对自己的门生提出训诫和告诫，以引导他们，不至于因出言不逊或逾矩而获罪。

事实上，晏殊的门生反而一个比一个性情刚硬，先有孔道辅，后有范仲淹，都是不惧帝威，执意谏言的人。但这也从侧面反映了一个事情，那就是在晏殊退避的表面下实际有颗耿直的心。总说：“物以类聚，人以群分。”倘若晏殊真是极度保守之人，又如何能有这样刚直的门生，而且晏殊还十分赞赏并不断提拔他们？由此可推知，在“庆历新政”中，晏殊应该是隐藏在背后的那个人，而范仲淹和富弼只是因走到台前，而在此次改革中为人所知。

暮年·老骥伏枥 死不烦君

多情的晏殊，也曾为红颜写尽相思的惆怅，曾为花月写尽满纸的闲愁，然而终究花月无情，红颜易老。年少之时，他也曾一鸣惊人，以出色的表现赢得皇帝恩宠，庙堂之上，他也曾口吐莲花，为自己铺平青云直上的仕途；宾朋宴饮，他也曾引吭高歌，也有门生学子遍布朝野天下。然而，人生终究会有不顺，有谁能料到，人到暮年的晏殊却要离京奔波，也许人生的意义就是像月亮一样有阴晴圆缺吧，就连双亲都能失去，这世间还有什么能一直拥有呢？更何况那是风波迭起腥风血雨的官场，是无数风流才子多情政客都免不了要写诗歌发一发牢骚、诉一诉冤枉的庙堂。

庆历四年，晏殊因之前的新政事件和撰写李宸妃墓志铭事件被罢相，开始了长达十年的外放生涯。

能经历拜相的无上殊荣，便也能承受远离京城的被贬之苦。朝堂上暗涌的事情太多，只是不知晏殊怎么违逆了上意。晏殊担任宰相期间，虽没有大刀阔斧地改革朝廷弊端，做出重大的政治贡献，但也不至于犯什么大错。他广收门徒，奖掖人才，有识人的眼光，也有容人的度量，这般的胸襟气度对于一个宰相来说最合适不过了。后来人都猜测，晏殊是不小心卷入了皇权的纷争，而且又被小人谗言所陷，所以无端地遭到了贬谪。

当时宋仁宗发布的一篇罢相的文章言辞相当严厉，丝毫没有顾及这个老臣的颜面，最是无情帝王家，君臣也终究只是君臣。

原本在官场上行走，就是一步一险，少年便得志的晏殊，优游半生，也算是已经很幸运了，和其他很多诗人不同，他在被贬谪之后创作的作品当中，都只表达伤感和闲愁，从不见愤怒和郁闷。

临江仙

资善堂中三十载，旧人多是凋零。与君相见最伤情。一尊如旧，聊且话平生。

此别要知须强饮，雪残风细长亭。待君归觐九重城。帝宸思旧，朝夕奉皇明。

三十年的岁月匆匆如流水，回想起自己在资善堂的那段时光，心中顿生万千感慨。那时候，他还是一个初出茅庐的政治新人，受皇帝宠爱和信赖，又有了在东宫为师的大好机遇，和未来的皇帝建立起了良好关系，前途不可估量。如今，他被免除了宰相的职务，被排挤出了权力中心，加上已经是垂垂老矣，伤感也罢，有心理落差也罢，终究是意难平。

回望京师，当年的老臣多数已经离职或者故去，与旧人相见是最伤感的，还是那样的场景，可以一起叙叙旧，聊聊这一生。为了这次离别不太伤感，一定要强饮下那浓浓的烈酒，凛冽的风夹杂着漫天飞舞的残雪，落在那离别的长亭上。就这样离开吧，等到圣上再召你回京的时候，回到这九重城的那一天，一定是君王挂念老臣了，到那时候一定不辜负皇帝的重托和信任，侍奉朝夕，相伴左右。

这个时候，已经被外放的晏殊，恰巧碰到了当年的同僚旧友，两人便一起谈论陈年旧事。那是一段格外美好的时光，大家都还年轻，正值年少，有拼搏的冲劲，有敢作敢为的勇气，这个世界终究会承认每一个人的努力，在不断付出之后，他们也都赢得了自己的大好前程。

三十年的光阴，真的可以让一切完全换了模样，彼时的风光并不能代表今日的辉煌，三十年也足够让一个意气风发的少年变成患得患失的老者。尤其遇见旧友，感叹恩宠不再的悲凉和老年外任的沧桑就像哗啦啦的流水一样，在晏殊的心头翻来覆去，久久无法平息。

这一年晏殊已经五十多岁了，这个年纪，可能更容易怀旧。况且是站在并不如意的现在，去怀念当年的意气风发和青春年少，难免更伤怀，所以才有“与君相见最伤情”。阔别三十载，如今和老友不期而遇，也是一种幸福，尽管两人对饮，举起酒盏，再也不似年轻时候那样爱笑。离别本就凄凉，现如今，白发映着残雪，寒风吹着长亭，更是给人内心增添了无限的惆怅，于是既然已经无法开怀畅饮，那就强饮下这烈酒，以慰藉别离的伤痛。最后一部分是友人真诚的祝福，所表达的感情既真挚又深沉，用词直白，没有文绉绉的婉转暗喻，反而看上去一派磊落。

因为回京，这不仅是对老友的祝福，也是晏殊对自己仕途的期盼。当年的无限风光荣耀肯定是回不去了，但是年纪一大把，实在不适合在他乡奔波。

如果晏殊后来知道，自己那番“归觐九重城，朝夕奉皇明”的愿望，在十年以后才实现，不晓得当时的他还会不会写这样饱含期待的诗句。在刚刚到河南一带的那几年，他尚有余力去怀念过往的辉煌，还有一些淡淡的不满和伤感，到后来，随着时间的推移，这种伤感升华得更加悲凉和激烈。

皇祐二年，晏殊得到了提拔，顺利升迁户部尚书。同时，晏殊因才华出众，被皇帝赏识，被加封为观文殿大学士，并且知永兴军。三年后，晏殊自永兴徙知河南，兼西京留守，迁兵部尚书，并被封临淄公。

山亭柳·赠歌者

家住西秦。赌博艺随身。花柳上，斗尖新。偶学念奴声调，有时高遏行云。蜀锦缠头无数，不负辛勤。

数年来往咸京道，残杯冷炙谩消魂。衷肠事，托何人？若有知音见采，不辞遍唱阳春。一曲当筵落泪，重掩罗巾。

这首词并不是晏殊的代表作，但此词与其他词不同之处在于，这首词是晏殊因政治因素而感到悲伤时写下的，并非如往常一样，是出于宴会乐舞或长亭送别等原因而写就的。因此，相较于后者而言，此词更能深切地反映出晏殊的真情实感。整首词所表现出来的也不再是那种哀婉幽深的情感，而是一种激越的情绪。

上半部分写的是西秦的歌女，年轻的时候非常擅长歌舞表演，这里的西秦指的是今天的咸阳以西。这歌女凭借着自己精湛的舞技，在游冶的宴会上大放异彩，出尽了风头，博得了众人的眼球。歌声婉转清脆动听，绕梁三日，仿佛要突破天际，牵留住那流散无形的行云。“念奴”一词源于唐朝，主要用以指歌伎，其偶尔会表演所学的唐代歌伎的声调和唱法，接下来一句形容歌声激昂，恢宏有力，阻遏了天上的白云。

蜀锦是蜀地出产的织锦，为古代四大名锦之一。古人看表演，如果遇到台上的主角表现得好，便会将蜀锦赠予表演者，而那些赠给表演者的东西便被称为缠头。这句从侧面展现观众的反应，说明她当时的歌艺很好。她刚刚唱完一首曲子后，就有数不清的赏赐如雨般堆积起来。这也说明，表演的歌伎在年轻之时深受观众的喜爱。在此处，词的上片采用了歌伎自述的视角，阐述了其往昔的光芒四射和辉煌经历，并为下片的展开打下了铺垫。

下片说的是，数年来常常往返于京城和陕西之间，奔波疲累，希望渺茫。只好用非上等的残酒和冰冷的饭菜，来打发日渐消瘦的灵魂。我心中的那点期盼和愿望，应该托付给怎样的人呢？要是有知音可以理解，能够帮我传信的话，我愿意不辞辛劳地唱遍整个春天。

写下这首《山亭柳》的时候，晏殊正在永兴军当值，永兴军在今天的陕西西安，这个时候距离晏殊被贬已经过去六个年头了。比起之前去过的那些地方，这里显得更荒凉凋敝，也距离皇帝所在的汴京更远了。

如此看来，回京的愿望更渺茫了，可能他心里一直都坚定地认为，风烛残年的自己，原本可以在京城尽享荣华富贵，衣食无忧。哪里知道此时年逾花甲的自己，还要不停地辗转奔波在距离京城很远的地方。心中纵然有千言万语，远在天边的帝王也无法听到了。一个个与自己同病相怜、遭遇可怜的歌伎，也勾起了晏殊心头的一直以来积攒的悲伤，想到这些，晏殊不禁老泪纵横。

遥想当年，气宇轩昂，策马风流的他何其风光，曾写下多少风花雪月在书卷上。以前他都是信手拈来，从来不喜欢在词前冠上标题，这一下偏偏执意要加上“赠歌者”，实在是别有一番用意了。

都说浮生若梦，命运无常，然而，有时候命运又是何其相似。其中的繁华、凋零、荣耀还有艰辛，在光鲜的官场上和卑微的歌界又有什么本质的不同呢？都要在无限风光过后去经历荣耀的凋零，所以白居易曾在《琵琶行》中感叹：“同是天涯沦落人。”

歌伎在诉说自己的遭遇时，晏殊在一瞬间想起当年京城里春风得意的好时光，常人都会有经历困苦的落差感，更何况这样大的悬殊，是发生在这位多情的词人身上呢。

想当年自己七岁便能作文章，未及弱冠便觐见天子，被赐同进士出身，后来一路平步青云，一朝成为太平宰相，更是集优于一身，集宠于一身。还记得那一年三月，花开正好，阳光明媚。黄门奉旨，圣意满赞。

往事如烟却又历历在目，那时风光的确无限好，哪知如今已是日薄黄昏。在觥筹交错的宴会上把酒言欢，在清风朗月下吟尽花月的晏殊，也许从来都没有想过，自己有朝一日会落到如此境地，从云端里跌落到人间平地的感觉真不好，一点也不好。无论曾经怎样小心翼翼、如履薄冰，终究逃不过命运的蓄意安排。

漫漫十年，亲手栽种一棵白杨，应该长成苍天大树了，晏殊待在被贬谪的土地上，遥遥回望了繁华的长安十年，也没有盼到那一纸回朝的诏书。先帝宠臣也好，东宫旧人也罢，最是无情帝王家，分别越久感情就越淡薄。那前朝新一拨长起来的年轻官员，就像后宫永远不会缺的美貌女子一样，一茬茬地长起来，旧人一茬茬地凋零下去。属于晏殊的时代，从此就要过去了。

人间恨，最恨不过美人迟暮，英雄末路。只可惜满脸皱纹的美人依稀之间，终究也会留着年轻时候的样子，而英雄，却再也回不到当年风光无限的沙场。

说遍红尘世事，而也已经是一朝酒醒时，叹尽岁月沧桑，也已经是回首白发生。所谓轮回，也不过是红颜易老，繁华成空，一切不过都是过眼云烟，谁让人生，终究只是经历和过程。如云繁华，不过是黄粱一梦。

就连曾经灿若朝霞的明媚红颜，在撩动无数少年的心扉之后，终究要繁华一梦，辜负韶光，更何况是风云变幻的官场。今日之欢笑，又岂知明日之寂寥，那些曾经的美好时光，终究会湮没在岁月之中。四季轮转，年复一年，在这时光中，送走来往过客，也送走了门前的车马喧嚣。

听完这首曲子，晏殊内心苦涩难平，想如今晚景凄凉，老来落寞，才华满腹也换不来一个宦海安稳。花甲之年，还要拖着年迈的身躯，奔在外放之路上。此时此刻，晏殊的词情感表达就更真实细腻了，不再像春花离人那样默默隐晦，可以说是完全地表达出了心中所感所想。

晏殊一生提携有才能的人无数，只是也有看走眼的时候，譬如欧阳修、宋祁等人。提到晏殊罢相，就不得不提宋祁。

宋祁是北宋文学家之一，开封雍丘人，幼居安陆。天圣二年，宋祁考中进士，后一度担任翰林学士及史馆修撰等官职，并曾经参与修撰《新唐书》。之后，升迁为工部尚书。在当时，宋祁与兄弟宋庠在文坛上并称为“二宋”。在当时，宋祁还有着“红杏尚书”的称呼，这都是因他的一首《玉楼春》，说起这首诗，大家可能有点陌生，但要是提到那句“红杏枝头春意闹”，可能大家就会恍然大悟了。不管是在古时，还是在如今，这句都可谓耳熟能详。

关于这个人，史书中简单地记载了他的文学逸事，并没有过多地提到仕途经历。实际上，他与晏殊有着紧密的联系。据说宋祁曾是晏殊的得意门生，而晏殊对他的才华亦是赞赏不已，大有整日促膝长谈之意。为此，晏殊不惜花费重金，在自己居住地附近购买了一个院子，作为宋祁的住处。可是就是晏殊这样欣赏和器重的一个后生给了暮年的他重重的一击。

相传是宋祁亲自起草了晏殊罢相的诏书。有史料记载，那一晚正逢中秋佳节，是举家团圆、饮酒赏月的日子。宋祁因受晏殊之邀，前去做客，两人饮酒赋词，听歌赏舞，快意不已。第二天宋祁接到起草罢免晏殊宰相诏书的任务。面对莫须有的罪名，旁人尚且会表示同情，但将晏殊视为恩师的宋祁毫不犹豫地提笔，写就了晏殊罢相的诏书，并在诏书中大肆诋毁晏殊，斥责晏殊为了自己的利益，勾结势力，结成朋党。在此刻，宋祁忘了，就在前一天，他们还在把酒言欢，畅所欲言。因此，当宋祁起草的诏书颁布之时，朝中其他人都不禁为之骇然，认为宋祁太过薄情。但最为难过的当是晏殊本人，自己平常爱护有加的门生竟然如此子虚乌有地攻讦自己，那种心痛之感其他人只怕难以体会。

正是受此事的打击，晏殊激愤中挥笔写下了下面的这首诗。借一个被情人背叛而自杀的风尘女子之口来感叹官场上的文人相轻。

吊苏哥

苏哥风味逼天真，恐是文君向上人。

何日九原芳草绿，大家携酒哭青春。

在此诗中，苏哥并不是指一个姓苏的男子，而是指一个流落风尘的女子。自古以来，谈起青楼女子，世人总是多嘲讽，认为她们情不真意不切，这样的青楼女子又如何能让晏殊特意写诗一首为其哀悼呢？但结合诗意与当时晏殊的境遇，便就不难体会晏殊作此诗的幽怨激愤之情。

风尘女子苏哥，虽然处境不佳，但是一直保持着自己独特的品味和性情，尤其在对待感情上，更是没有随意放荡。好不容易一日出门，在外遇到了意中人。那种欣喜雀跃的心情，仿佛一团巨大的气流将她包裹在其中。她对他日思夜想，期盼能朝朝暮暮在一起，厮守到老。他对她也很中意，愿意陪她、宠她，并没有因她的身份而嫌弃她、疏远她。他们的感情日渐圆熟丰满，本以为以后可以快乐无忧地在一处生活。但岂知，天公从不遂人愿，风尘女子又如何能光明正大地嫁给心上人？周围人的阻挠和压力，最终生生掰断了他们感情的翅膀。

一日春光中，苏哥来到野外，看着那青葱的草地，绿树红花，碧天流云，不禁悲从中来。景依旧，物已非，人不再。那些过去的美好，早已随着春风走远，再也无半点当初的影子。她曾经以为她找到了自己可以依靠终生的另一半，但原来那只是上天给她的一个美好梦境。如今，梦早破灭，她却不愿醒来。如果，当初的所有都只是梦，那么，就让我沉沦在那虚无的梦里吧。也许来年春绿之时，那坟头上新长出的青草就是我正在微笑。那时，那些还记得我的人啊，就请带着酒来与我痛饮一场吧，一起缅怀那永远也回不去的美好青春，那永远也无法挽留住的美好感情。

在诗中，苏哥虽出身青楼，但其性格之贞烈，却让人为之钦佩。生处逆境而不改其节，当无法与心爱的人长久地厮守在一起，获得感情上的圆满之时，她毅然决然地选择了殉情。世间之人，能如苏哥一般爱得热烈而又无怨无悔，甚至不惜以生命做赌的人又有多少？

由爱情及其他，当一个人在原本最应该忠贞的爱情上都无法坚持之时，又怎么能要求他在其他方面有好的品性呢？要怪只能怪自己识人不明，将自己的一片真心错付。

在罢相事件上，晏殊以苏哥的贞烈来对比映衬了宋祁的卑劣。先是性别身份的对比，苏哥不仅是个女子，而且还是个风尘女子。而宋祁呢，是个男儿郎，而且还是大宋朝选拔出来的官员，两人之身份地位可谓云泥之别。其次就是对自我坚持的对比，这样两个完全不在同一个层面的人，做出了完全相反的事情。风尘女子反而坚守了自己的爱情，不惜以生命为代价。宋祁却丢失了自己的操守，只为保住自己的荣华富贵。如此，在品性上，高下立判。晏殊虽不刻意说明，却将宋祁品性之恶劣点了出来。

面对这样的事件，尤其还是被自己喜爱的门生出卖，在背后给了一刀，晏殊心中之痛可想而知，其所遭受到的打击，只怕比诗中所呈现出来的还要沉重万分。他不仅为自己罢相而感到难过，为宋祁的为人而感到痛心，但更多的是为自己不能正确识人，从而导致今日之祸而悲愤。也许，经此事件后，心中所存留的信任又将少一分。他不知道身边的人还有哪些会为了功名利禄而背叛他，再次让他承受类似的打击。因此，在诗歌的结尾，携酒痛哭，哭那远逝的青春。那曾经肝胆相照，坦诚相见的年少时光。如今，只能用一杯水酒来缅怀痛哭一场了。

多少读书人寒窗十载，苦心钻研，也难及晏殊所达到的万分之一，但是晏殊也有他的遗憾，那就是他步入朝堂太早了。他在这个权力与富贵的中心已周旋了大半生，待到垂垂老矣，再回首往昔，无数人趋之若鹜追求的功名利禄不过也是繁华一梦。

但即使雍容娴雅如晏殊，也不是在所有时候都能保持着从容淡泊之姿。在遭遇背叛之时，同样会激愤万分。寻常难见此性情，只因官场一路过于顺畅，很少有这种可以引起情绪极大波动的时候。此次晏殊虽然遭遇贬谪，但与其他人相比较，他依旧幸运太多。因此，在写完这首诗后，他又恢复了一贯闲适淡雅的心境。所以，在他的诗词中，很少能见到悲痛沉郁之作。这和晏殊自身的生活经历有着莫大的关系。

晏殊幼时家中算不得富贵，但至少温饱不愁。且年少成名，不及弱冠便在朝堂大显身手，混迹在一般比他大一轮的官员当中，深受皇帝的宠爱。少年得志，让他得到了许多人欣羡的目光和羡慕的荣华。可以说，他的前半生，一直都是平步青云，没有半点波澜曲折。及至后半生，仁宗继位，他才开始遭遇挫折，但他的那些不顺与其他人相比，又显得微不足道。如是，总体而言，晏殊一生算是平稳安顺，且他一辈子都是在安定太平的社会生活，也没有经历过兵荒马乱或者饥馁无助，最多也只是离愁别恨。但人世无常，聚散离合本就是人生常态，其中的哀伤与惆怅只有深浅之别，却无高下之分。

晏殊在《庭莎记》中写道：

> 余清思堂中，燕亭之间隙地，其纵十八步，其横，南八步，北十步，以人迹之罕践，有莎生焉，守护之卒皆疲癃者。

在西园居住期间，他命人移植莎草，建成莎场。这首词中的“庭莎”指的就是此地。这毕竟是晏殊遭遇贬谪居住的地方，况且此时的他已经是年近花甲，被硬生生地隔绝在中心朝政之外，不知前途凶吉，他愁绪缠身，写词诉说发泄郁闷都是常人所能理解的。但是他偏偏有情致来装扮一座园子，甚至还有闲心为园中的一片小小莎场撰文写记。这番旷达的心境，不免让人想起日后的苏轼，最为豁达客观的词人之一。

旷达的人，在哪里都会活出一种闲云野鹤般的悠闲自在。

在京为官时，晏殊就要在晏府日日举行宴饮，夜夜笙歌；如今贬谪在外，他也是要为自己开辟出一番小天地来，纵情追逐欢乐。

那几年陈州的西园里，歌舞不休，诗酒不绝，他还是那个离不开寻欢作乐的富贵文人，骨子里透着富贵气。

他的心真是寂静，会让你恍惚觉得，他已在这个园子里伫立了千万年。寂静得就像此前的觥筹交错，歌舞喧嚣都并未存在过。然而，寂寥，便容易生愁。

至和元年，晏殊已六十四岁。这年，他因病被召回京师。说起来，晏殊还是幸运的，每次遇到事情之时，皇帝总是及时给予恩赦，将他召回。

诗里的女子还那样美丽，而诗人却要老去了。

在次年正月，晏殊病逝，终年六十五岁，葬于许州阳翟县麦秀乡之北原。

就这样，三贬三回的六十多岁的晏殊，刚刚回到京城一年，还来不及再去处理一下手头的政务，就匆匆作别人世。他一生要胸怀有胸怀，要见地有见地，可以说是一个太平盛世完美的文人和出色的政治家。

当初，晏殊因病归京，便一直都没有恢复健康。常年奔波在外，他的身体早已出现了毛病，但为人臣子，晏殊不可能事事都请奏皇帝，希望他给自己安排一个好职位或者让他回京。所以，外放在地方的晏殊只得自己承受身体的不适。只是在后来，身体状况不断恶化后，不得不归京。但这个时候，很多东西也都来不及再挽回了。晏殊的身体早已不复从前，他也不再精神矍铄，尽管他才六十五岁。只要养生得当，他也许可以像张先一样活到八十来岁。但常年在地方忙碌奔波，他的身子已经垮掉。故而归京不久，晏殊便缠绵病榻。

在得知晏殊重病后，仁宗有心前去探望，但屡次被晏殊婉拒了。一国之君探视臣子，这在其他人看来，是多么无限光荣的一件事情。可是晏殊并没有贪恋这种虚荣，他不想因为自己的病而让皇帝耽误国事，这在他看来，不是荣耀，而是一种罪过。当臣子不能为君分忧之时，那就不要再去烦扰君主。正是秉着这一信念，晏殊从卧榻到最后去世，都没有让皇帝来看自己。也许，这在他心中曾留有缺憾，但我想更多的是一种欣慰，一种身为臣子的自豪。

晏殊的这种不烦扰国君的品性得到了仁宗的高度赞叹。晏殊从来都是那个晏殊，未曾改变。自始至终，他都是那个忠心不贰、真挚诚实的晏殊。但同时也让仁宗深感遗憾，这样的两朝老臣，在最后临终之际，自己都未能去看上一眼。

因此，当仁宗听到晏殊离去后，不禁流下两行清泪，同时心中颇为懊悔，没有坚持前去探望。

然后他写诏书通知文武百官，连续两天停止上朝，全国都要一起哀悼晏殊的故去。

晏殊病逝后，皇帝罢朝，亲自来到了晏殊的祭奠现场。悲伤沉痛中，他追封晏殊司空兼侍中。古来，大臣离世，皇帝都会赐一个谥号，此次仁宗亲临，当然也少不了这个。回首晏殊的一生，仁宗心中感慨万分，便赐其谥号“元献”。同时，为了嘉奖晏殊在为官之时所开创的文化风气，培养了大批优秀人才，仁宗亲篆碑首“旧学之碑”。

这真是漫长的一生，从七岁闻名乡野，到十四岁荣登朝堂，再到二十八岁入东宫为太子师，三十六岁被贬，四十三岁封宰相，最后是十年漫长的外放。他曾享尽无数荣光，也曾心力交瘁。这又是太短暂的一生，富贵优游五十年，倏忽而过，甚至自己来不及挽起袖口，抓一朵时间长河里的浪花，就已经踏入暮年。

这一刻为喜悦、为悲伤、为失落、为得意都已经不重要了，生生死死，谁也说不清哪一种是真正的睡着，哪一种又是真正的清醒。

晏殊虽是文人，却有着武人刚直的性子。他在地方任职之时，当地的属吏都十分惧怕他。但晏殊同样善于知人，如他先是挖掘了才情不错的富弼，后来又发现了杨察。对于这二人，他十分欣赏，就将自己的两个女儿分别嫁给二人。在晏殊担任宰相并兼任枢密使时，富弼便是枢密副使。为了避嫌，晏殊曾想卸任枢密使，但仁宗下诏将此提议驳了回去。可见晏殊被信任之程度。同时，晏殊也擅于写词作文，其文清丽，富有才情，尤擅诗词，颇有雅意情思。晚年更是笃学不倦，笔耕不辍。

晏殊一生，都算比较平顺。他的大半辈子都在京城度过，出任京官，且长时间周旋在权力的中心。虽也有三次被贬谪到地方的经历，算下来也有数十年，但并不是山穷水尽之处，而都是在帝都周围。虽比不得帝都的繁华热闹，却也不是穷山恶水。至少在生活舒适度上，并不会有什么问题。而且，他有时虽明着是贬，实际却是在地方掌握军政大权，这样一个实职，很难单纯地用官阶品级来衡量。也许正是这种生活富贵，但又总有那么一丝波澜的经历，让晏殊的词大多是一种婉约的词风，虽清丽婉转，却自有一股淡淡的愁意笼罩其中。

五十年的明哲保身，足可以见仕途的险恶。世人只看得到太平宰相，而谁又在意过当年那个十四岁的少年如何穿着尚且宽大的朝服，一步一步稳扎稳打，在权力的纷争当中躲过惊涛骇浪，又如何走上一人之下万人之上的宰相之位的？

既然选择了锦绣华堂，你便得熟悉游戏规则，既然你踏上仕途，就要承受官场的煎熬。天下事，为之，便要心血付之。

好在，每一次的停顿，终究没有抵挡住他奔向梦想的脚步，也只有那繁华汴京的宫城，才能安置他今生的梦想。

鹊踏枝

紫府群仙名籍秘。五色斑龙，暂降人间世。海变桑田都不记。蟠桃一熟三千岁。

露滴彩旌云绕袂。谁信壶中，别有笙歌地。门外落花随水逝。相看莫惜尊前醉。

为官这么久了，记不清楚很多沧海桑田的变化了，蟠桃三千年才熟一次，喝着美酒飘飘然兮，感觉微醉的自己摇摇晃晃地站立在云端，谁相信这满壶的酒，会别有一番天地呢，门外的落花流水随着年华日复一日地去了，既然执手，就大胆地在彼此面前醉酒吧，何不在有限的时光和幸福里快意人生？

漫长的一生，若不叫晏殊去歌酒里厮混些时日，只怕他会无端地升起愁怨，该不知如何打发那无聊的余生了。他是乐也生愁，悲也生愁，这愁绪竟然是无论如何也免不了的。可能是悟到了这一点，晏殊心里就立刻做了抉择，他宁愿余生里还有喧闹，还有熙熙攘攘往来的门客，还有无数个举杯醉笑的瞬间。即使在酒宴喧闹过后，需要更多的时间来排遣适应这之后的失落和惆怅，然后徒然用更多的美酒歌舞去淹没闲愁，也好让生命从此沉寂下来。

第五章 桃李争妍 春泥更护花

中国历史上的著名宰相不少，其中还有十大著名宰相一说。细数之，有西周周公，战国管仲，秦朝李斯，西汉萧何，唐朝房玄龄，宋朝王安石，元朝耶律楚材，明朝的两位宰相：刘基与张居正。一朝天子一朝臣，每位皇帝继位后都要选择新的宰相。晏殊最终也坐到了宰相之位，位极人臣，只是他实在算不上是一个杰出的政治家。

历史人物都遵循了木桶原理，如张飞虽然不够聪明，但是他勇猛过人；就如纳兰容若生于官宦之家，虽官做得一般，却是个作词高手。

晏殊也一样，除了创作有那么多千古名句，在他为官的五十年里，还不断选拔和举荐了众多人才。用现在的话来说，他自己本身就是一个移动的人才孵化基地。晏殊虽常年身居高位，却毫无盛气凌人之态，唯贤是举。北宋著名的政治家范仲淹、孔道辅及王安石等都是晏殊的门生。其中，王安石青出于蓝，不仅官至宰相，而且成为一代名相。还有韩琦、富弼及欧阳修等人也都受到过晏殊的悉心栽培和引荐，并得到了皇帝的重用。

比如，晏殊的门生，后来的韩琦，贵为三朝元老，在仁宗、英宗及神宗当政期间均担任宰相之职。晏殊的女婿富弼也官拜宰相。

如此说来，兴办官学举荐人才所带来的长远的社会效益，要远远比做好一朝宰相来得更高深，更有益处。正因为有晏殊在，无数贤者智者在宋代得以有机会居庙堂之高而能护好处江湖之远的万千黎民百姓。

揽才·为仲淹师

仁宗天圣三年，刘太后一再示意，要张耆升任枢密使，而晏殊上疏反对，因此引起了刘太后心里的不满。

如果说没有顺从主子的意思是一种不明智的选择，那么后来发生的一件事情，直接导致了晏殊被贬谪。

有一天，晏殊奉命前去玉清宫，在宋代，臣子觐见之时都应当拿着朝笏，这样便于记录或者将自己需要请示的事情记录其上，以免遗忘。但这次晏殊因走得急，所以远远地走在了前边，晏殊等了好半天，才看到侍从赶了过来，手里正拿着他的朝笏。晏殊盛怒之下，忍不住用朝笏抽打了侍从，因用力过猛，将侍从的牙齿打脱落了。而这事又刚好被御史知道，于是没等到第二日，晏殊便遭到了弹劾。晏殊于是被贬宣州，即刻出京。

夕阳西下，斜照进树林，拉出长长的暗影。晏殊突然想起父亲去世的那个黄昏，他走在回乡的路上也是此情此景，只是，再也不是当年那般心境了。这些年他在朝为官，虽然在旁人看起来声名显赫，荣耀加身，只有他心里清楚，他为此牺牲了多少又为此付出了多少。为父亲服丧不久就回朝为政，母亲的葬礼更是没能回去参加……在别人看来的毫不费力，都是他私下的劳心劳力，花费了太多的心血。

北宋著名词人苏轼有词《水调歌头》，其中有这样一段："我欲乘风归去，又恐琼楼玉宇，高处不胜寒。起舞弄清影，何似在人间。"所谓高处不胜寒，通俗意义上指的是，因站得太高，而难以忍受住风寒。同时也用来喻指，一个人所处地位越高，或者在某个方面的技艺达到了常人所难达到的境界，能够与之相伴的人也就越少。从而，他也就越来越感到孤寂与寒冷。他做官也是如此的感受，如今，他也算是高处不胜寒，除了仕途得意，其他什么也没有。这次被贬谪，算是仕途遭遇风雨了。

又到黄昏，乌鸦的翅膀也无法安慰自己疲惫的心。

只是去往宣州的天，是苍凉的蓝，遍地都是橙黄的叶子，三两凄然，三两怅然。

宣州地处今安徽省东南部，与苏浙相邻，是长三角经济与内陆的过渡带。从秦初期正式置县，几经易名，古来就是州郡府和行署及市的驻地。境内资源丰富，自古就享有“鱼米之乡”的美誉。唐代诗人李白在宣城与李云相遇，并同登谢朓楼后创作了《宣州谢朓楼饯别校书叔云》，其中的：“抽刀断水水更流，举杯销愁愁更愁”更是千古传诵的名句。

祸兮，福之所倚。祸兮，祸之所伏。

晏殊兴办官学也是在他此次被外放期间，宋代的官学在此时达到空前的繁荣。晏殊极重视书院的发展，认为人只有饱览群书才能博学多才，进而担得起匡扶天下守护黎民的重任。在宣州一段时间后，晏殊改知应天府。在此期间，晏殊着手开办官学，首先就是扶持了应天府书院，并广发倡议，邀请天下才识出众的名士来应天府书院讲学，从而培养了大批优秀的人才。后来，应天府书院、石鼓书院、嵩阳书院及岳麓书院被称为宋初四大书院。由此观之，晏殊堪称一代教育家。

外放有外放的好，虽然远离长安的繁华和热闹，但是也有它难得的清幽和安静。每天处理完政务，剩下的时间便都是自己的，他可以有充足的时间来做自己感兴趣的事情，比如，读读书，写写文章，晏殊还在屋后开辟了一块地，亲自动手种了花种了菜。

小时候家境一般，平日里的开销也不少。每年的春天，父母带着他们在屋后的空地上种菜，一来供家里人自己吃，二来父亲是为了让孩子们懂得只有耕耘才能有收获的道理，以教育大家只有好好读书才能改变命运。时光如水，转眼间晏殊被外放的时间也不算短了，远离了喧闹的日子，已经让他的心彻底平静了下来。这样才能脚踏实地地做好手边的事，一步一步去靠近自己的目标。

说到晏殊兴办官学，就不得不提北宋史上的一个著名词人，他就是范仲淹。

范仲淹之父范墉在其还很年幼的时候就故去了。后来，因家中过于贫困，母亲谢氏只能带着当时才两岁的范仲淹改嫁给朱文翰，希望可以改善自己的生活处境。因此，范仲淹也曾改姓为朱，名朱说。

成语"断齑画粥"就来源于范仲淹苦学的故事。他的这种生活很像孔子的弟子颜回的经历："一箪食，一瓢饮，在陋巷，人不堪其忧，回也不改其乐。"在外人看来这样的苦学近乎自虐，主人公自己却乐在其中。正应了那首清新婉丽的诗句，"半榻暮云推枕卧，一犁春雨挟书耕"，好不快哉。正是这段时间的读书学习，才为他后来成为名留千古的政治家、文学家、词人，奠定了坚实的基础。

那时的晏殊，对人才的喜爱和培养都是出了名的。晏殊任应天府知府时，听到范仲淹好学的名声，揽才心切，召请范仲淹到府学任职。

《涑水记闻》里面记载，早在晏殊任翰林学士的时候，他就已经闻得范仲淹之名，并且对他的才华十分欣赏。出于爱才之心，晏殊向朝廷推举了范仲淹，从而让他踏上了通往权力中心的道路，并常常给予指点，在当时已经算有师徒之谊。

那一日，秋雨不期而至，夏日已在悄然间退去。清风吹来，院子里梧桐树的叶子哗啦啦作响。

在书房待了半日的晏殊，终于忙完了手里的事情，出来透透气。站在屋檐下，看着细细密密的雨点如珠子般连成一根根细线，急急地跌落在地上。地上雨多的部分，已经聚起了一汪水，后面的雨点儿落下来，点起一个个小小的泡泡，又随着出来的风，兜兜转转地飘几下，轻轻地碎了。

晏殊正看得出神，听到脚步声一抬头，管家将一个白衣男子带进来，说是有事求见老爷。请进大堂，待来人摘下斗笠，脱去风衣，晏殊才看清眼前的来人，正是范仲淹。晏殊早些年便听说过范仲淹的故事，只是二人一直无缘相识，晏殊也只是在一次与朋友们出去吟诗舞墨的时候，见到过一张他的画像。

二十七岁之时，潜心苦读的范仲淹终于如愿以偿地考中了进士，随后便在地方任职。那时，范仲淹并不曾与晏殊有交集。天圣年间，范母去世，范仲淹去官回家，为母亲守孝。这个时候的范仲淹在应天府住了很长的一段时间。当时的晏殊正担任应天府知府一职，如此，二人才有了见面的机会。由于耳闻范仲淹才学已久，二人对于此次相见，都显得十分激动，相谈甚欢。毕竟也算是高山流水，一个惜才心切终有所获，一个得到赏识甚是感动。虽然晏殊比范仲淹小两岁，但在当时，做官时间、官位，都已经远在范仲淹之上。晏殊当即决定邀请范仲淹主持府学，这算是相识之后对范仲淹的第一次提携。

不久，被贬谪的晏殊就离开了应天府。回京城一段时间后，晏殊想起了远在应天府的范仲淹，觉得他可堪重任，于是便向仁宗举荐了范仲淹。仁宗将秘阁校理一职委任给了范仲淹。这一步对于范仲淹来说极为重要，可以说是他仕途的一个转折点，从此，他由地方进入朝廷任职，并且大步迈进，日后成为宋王朝的股肱。

所以，范仲淹对晏殊始终存有感激。晏殊这个人，终其一生都活得很明白，是历史上有名的中庸的臣子。但他的爱才，让当时很多文人都逐渐走上了历史的舞台，然后大放光彩。

于是，这便有了秋雨之日，白衣男子的到来。只是范仲淹一路到京城，也着实奔波劳累，不容易。这就好比唐僧取经要经历的九九八十一难，每一难都要在特定的时间，才能得到特定的破解方法。后来范仲淹在晏殊的提携下官至宰相，事实也证明了，人总要在成功的路上多付出一点，才能收获满园花开的绚烂。时机不到，贵人不到，再博览群书腹有诗书，也是枉然。

天圣八年，这对范仲淹和晏殊来说，都是有着巨大意义的一年。这年，两人之间爆发了一场不可调和的激烈冲突，以致两人的关系发生了微妙的变化。这场冲突不仅反映了两人的性格差异，而且也影响了两人后来在仕途上的高低成败。

那一年年初，刚好赶上刘太后生日。当时虽然仁宗已经继位七年了，但朝中掌权的一直是刘太后。宫中的礼仪官为了向主子献媚，博刘太后高兴，安排了相当隆重的拜寿大典。按照策划的议程，仁宗应当率文武百官集体跪拜，向过寿辰的刘太后拜寿礼。

耿直的范仲淹却认为此举不妥，有损君威。便直接上疏，坦陈应当取消这样的仪式。当时的晏殊对门生的这个举动很惊慌也很诧异。在当时的晏殊看来，范仲淹此举，只是因太过年轻，初涉官场而不知分寸。所以，晏殊立刻将范仲淹叫来责骂一通。但范仲淹对晏殊的责骂很不以为然，他始终坚持自己的想法。在范仲淹看来，只要朝廷上出现了不合朝纲之事，作为臣子，就有责任指出来，向皇帝谏言，不应因怕得罪人而畏缩不前，选择回避。

晏殊听了此番肺腑之言，心中大为震动，虽然他没有在明面上对范仲淹的此次行为表示支持，内心却十分赞赏。晏殊觉得范仲淹为人正直，有自己的观点。因此后来在一些事情上都会与范仲淹谈及，然后听取他的意见，连选婿也是如此。当时，晏殊问范仲淹可有推荐之人，范仲淹毫不犹豫地推荐了富弼。晏殊相信范仲淹的眼光，加上自己也满意。于是，一桩美好的姻缘就此敲定。

古人云："事君有犯无隐，有谏无讪，杀其身有益于君则为之。"意思是，事情如果关乎君王的切身利益，宁愿冒犯谏言，也不能悄悄地把意见藏在心里。哪怕会因此危及自己的性命，也不能选择回避。就算谏臣会被杀头，只要对君王有好处就值得去做。

对于仁宗叩拜太后一事，有异议者不在少数，但说得最为直白的当是范仲淹。范仲淹直接上疏："天子有事亲之道，但无人臣之理；有南面之位，无北面之仪。"在范仲淹看来，天子可以孝敬长辈，但是出于天子之仪，不可与大臣一样行跪拜之礼。亦即，身为天子就没有为人臣子的道理，可以在南面坐皇帝位，但是不能有北面的礼仪。家礼和国礼是不能混淆的，不能让后世效仿天子这样的做法，况且当时的宋仁宗已经成年了。

可是此时直言敢谏的臣子少之又少，大家都怕得罪刘太后。晏殊一时间顾不得去斥责范仲淹，并不是认为他直言敢谏有错，而是害怕他连累自己。从这件事情上可以看出，晏殊是个特别明白的臣子，他在官场中始终秉持着明哲保身的为官准则。

甚至后来范仲淹还写了一篇两千多字的《上资政晏侍郎书》呈给晏殊，信里面大概的意思是说，明知朝廷有些做法不合朝纲，为何不能挑明直言，反而去迎合。如果大臣都趋炎附势说假话，那么我们还有什么脸面要百姓养着我们呢？那么也就没有人站出来为国家负责了。

自古忠臣多艰辛。

尽管范仲淹被贬为通判，而且被外调到了河中府。但是这些都没有打击到范仲淹为国为民的决心，反而愈加执着。也正因为如此，他也得到了忠言直谏的美名，享誉千古。

晏殊举荐和提拔了一大批人才，他们纷纷在北宋的政治舞台上华丽出演，为当时的社会经济繁荣，做出了不可磨灭的贡献。

破阵子·忆得去年今日

忆得去年今日，黄花已满东篱。曾与玉人临小槛，共折香英泛酒卮。长条插鬓垂。

人貌不应迁换，珍丛又睹芳菲。重把一尊寻旧径，所惜光阴去似飞。风飘露冷时。

此词的前两句，虽然体味不出大喜大悲，却也有浓烈的忧伤与失落暗含于盛开的花景之中。这一丛爬满东篱的黄花去年就开放过，如今又再次绽放。若追溯起来，去年之前，它也盛开过许多次，此后即使无人欣赏，它也会兀自开花，盛开凋谢。即使有一天其中的一株死了，也必然会有新的一株成长起来。

时光和物质几近永恒，这片土地上的人不知繁衍生息了多少代、更替了多少回，所有悲欢离合都渐渐淡去如烟消散，而江上仍旧静默，河流照样奔腾，丝毫不会因为人的意志而转移，人事的改弦更张显得如此微不足道，也正因为微不足道，才会格外令人悲伤。

“重把一尊寻旧径，所惜光阴去似飞。”风飘露冷时，再一次去当年寻觅散步的小路上，看到了光阴像箭一般飞逝，微微的清风吹过来，连露水都是冰凉的。

这时的晏殊，已经看透了沉浮的官场，再也没有年轻时的那般得失心了，一切都是淡淡的、静好的。不悲不喜，人生无谓。

识人·欧阳是门生

除了范仲淹，当时的北宋还有一个和晏殊有着特殊关系的人，那就是被后世列入唐宋八大家之一的欧阳修。晏殊是北宋时期著名的词人，其词风受南唐冯延巳影响较深。欧阳修工于文章，同时，在写词一道上，欧阳修的词风反而比其师晏殊的更加缱绻柔婉，意境混融。后来，欧阳修与晏殊被合称为“晏欧”。

欧阳修出生于北宋景德四年的庐陵，当时任推官的父亲得到这个儿子的时候，已经五十六岁了。在欧阳修幼时，其父便离世了。由于欧阳修的母亲郑氏只产下其一子，因此，当父亲过世后，就只留下了年幼的欧阳修与其母两人相依为命。但孤儿寡母，日子难以为继，思量之下，母亲郑氏决定带着欧阳修去投奔远在随州的小叔子。虽然家中亦不算富裕，但小叔子对于两人的到来还是表示了欢迎和接纳，并且尽量给欧阳修创造学习的条件。因此，童年的欧阳修并没有耽误读书和学业。

仁宗天圣八年，当时科举制自隋炀帝创立经唐代的不断完善，在宋朝发展到殿试阶段，即由皇帝亲自出题考试。殿试虽然最初是由唐高宗创立的，但是在唐代并未成为常制，进入宋朝以后，就发展成为常制。

欧阳修才学出众，一路过关斩将，最终参加了由仁宗主持的在崇政殿的殿试，并以甲科第十四名的好成绩荣选为甲科进士。当时与欧阳修同乡的晏殊正在担任主考官，根据他后来向人透露的消息，凭借文采，欧阳修应当是当之无愧的状元，但年轻气盛的欧阳修不懂得藏拙，气势太过，以至于考官们都想挫下他的锐气，以便日后好磨炼。虽然没能状元及第，但欧阳修也总算是考得不错。经此一事，欧阳修与晏殊也正式认识了。

欧阳修身材瘦小，其貌不扬。但在应试之时，其凭借着独到的见解和深厚的学识让晏殊记住了他。欧阳修也真的没有辜负晏殊的提携和赏识，为官之后，很快就成为一颗冉冉升起的新星，并在北宋的文坛上大放异彩。

晏殊病逝后，欧阳修为了悼念恩师，满怀真挚地撰写了一篇言辞恳切的墓志铭，其中写道："富贵优游五十年，始终明哲保全身。"因为欧阳修的这篇墓志铭，后来很多人都将晏殊视为"太平宰相"，将他的词也视为一种富贵闲散之作。

据传，晏殊并不看好欧阳修，由此看来，在恩师离去的时候，仍然有这样直接的讽刺在里面，足以见得这个传闻是真的，而且也说明欧阳修并不了解这位晏老师。欧阳修的性情太过耿直，甚至屡次影响了他的仕途，按照晏殊中庸的性格，虽然满腹经纶却这样锋芒毕露，不懂得韬光养晦的欧阳修，自然不是他喜欢的类型。

纵然从现在保存下来的史料中查看，晏殊本人的记载还不及欧阳修多，但是师者毕竟是师者，门下毕竟是门下，这是无法改变的历史。晏殊没有欧阳修出名，这并不意味着欧阳修的政绩和文坛贡献就在晏殊之上。据欧阳修的《归田录》中的相关记载，晏殊以文章著称，而且性格豪俊，当时的许多名士都出自他的门下。这算是比较公道的话，也是在今天的读者看来颇具良心和人情味儿的话。

晏殊善于发现有才之人，但通常不会对人才的品性过多地考量，甚至会直接忽略掉其他因素。晏殊虽对欧阳修有教导栽培之恩，但他对欧阳修并不是十分看重。欧阳修曾在一封写给晏殊的谢恩信中不免发出如此抱怨："足迹不及于宾阶，书问不通于执事。岂非飘流之质，愈远而弥疏；孤拙之心，易危而多畏？"对于此事，晏殊丝毫不以为意，只是淡淡地吩咐门下书吏将其口授的几句话写下代为回复。

后来，欧阳修秉承唐代韩愈与柳宗元的"古文运动"，一扫五代以来文坛上各种低迷颓废之态，从而对后世文坛产生了极大的影响。这也在一定程度上说明，欧阳修已经青出于蓝。但是有关他与晏殊的关系，仍然值得考究。

结缘·改革是安石

梅花

墙角数枝梅，凌寒独自开。

遥知不是雪，为有暗香来。

这首咏诵梅花的诗歌相信大家一定不陌生，千百年来流传下来的经典。说是妇孺皆知也一点不夸张。此诗读来，意境悠远，清新自然，毫无刻意雕刻之嫌。诗人描写了蜡梅迎着寒风努力开放的姿态，远远地看去，墙角那一片莹白，煞是显眼，宛若冬日里皑皑白雪，令人眼前一亮，细闻之，空气中又隐约流动着阵阵清香，沁人心脾。

赞美了梅花不畏严寒的品性，以花喻人，寒梅之临寒开放，喻指品性高洁之人，险恶之中仍不改其品质。通过盛开的梅花，诗人一面暗示了由于当时北宋王朝复杂的局势，其所想推行的新政一直无法得到有效实施。另一方面则表示了即使条件艰苦，无人支持，他也一定会坚持自己的政治主张。

这首诗的作者就是北宋文学家王安石，是除了范仲淹和欧阳修，与晏殊有着密切关系的另一人。

王安石（1021—1086），世人又称王荆公，字介甫，号半山。中国古代杰出的政治家和文学家。政治方面，其曾推动了变法，影响深远。文学方面，有《临川先生文集》等传世。

仁宗嘉祐三年，当时职位还不高的王安石开始提出变法主张，企图以此来改变当时北宋长期以来的贫弱局面，推行富国强兵的政策，抑制官僚地主的土地兼并。神宗熙宁三年，王安石出任宰相，正式实行变法，支持武取西河等州，改善对西夏作战的形势。王安石的这一主张一提出，就立刻遭到了朝廷其他保守派的反对。历朝历代的改革都是这样的，改革必然要触动既得利益者的利益，所以改革的步伐也会很艰难，首先需要面对阻挠者的反对。

熙宁七年，因各种原因，宋神宗不得不下令在全国范围内暂时罢免王安石在改革中所提出的保甲、青苗、方田和免疫等十八项措施。神宗此令一下，便意味着王安石推动的变法开始出现了危机。这是因为，神宗对保守派的妥协，显示着他不再如之前那般坚定地支持王安石的变法改革。最终，王安石被排挤出朝廷，外调江宁知府。

王安石和晏殊的年龄差距稍稍有点大，当王安石在神宗朝大展拳脚的时候，晏殊已经到了暮年，并且被外放到地方任职，不在京师。神宗熙宁三年，王安石出任宰相。刚重权在握的王安石信心满满，立志改变北宋积贫积弱之状况，便开始主导新一轮的改革运动。其所推行的新法范围涉及财政、军事、科举学校等方面。我国古代以农业为本，因此王安石所提出的有关财政方面的措施，大多集中在农业上，如方田均税法、青苗法、农田水利法、免役法、均输法及市易法等。宋朝自太祖赵匡胤“杯酒释兵权”以来，朝廷便一直无可用之兵。因此，王安石决定扩募士兵，以应对外敌，如推行了保甲法等。最后，在科举、学校方面，王安石直接推行新法，培养人才。虽然王安石的愿景是美好的，措施也是有效的，但新法推行太急，官吏也奉行不善，产生了不少问题，新法遭到韩琦、司马光等人的强烈反对。王安石最终被罢相，其后，新法在神宗的支持下基本推行。

这就是著名的“王安石变法”。只是这年，晏殊已经故去了。王安石与司马光都是晏殊晚年提携上来的人，那时已是仁宗朝后期。因此他们两人主要是活跃在神宗朝时期。

晏殊的善于识人，造就了他在文坛上的领袖地位，《宋景文公笔记》

载：“晏相国，今世之工为诗者也。末年，见编集者乃过万篇，唐人已来所未有。然相国不自贵重其文，凡门下客及官属解声韵者，悉与酬唱。”冯旭也曾坦言，晏殊“去五代未远”，最得其精髓。他认为晏殊的词清雅柔婉，明丽谐和，当为宋初声韵词家之祖。其实，晏殊应当是宋代最先开始大量创作词的人，他擅写小令，并将其推到了一个十分圆熟的境地。而他的词风清雅婉丽，意境幽深，亦对北宋以后的词坛产生了深远的影响，大有开词坛风气之先的功德。

仁宗年间，自“澶渊之盟”后，外患得到极大缓解，内忧亦尚未表露出来，整体上，整个社会生活安定。都城汴京成了当时最繁华的一个城市，无数文人骚客都客居在京城，吟诗作词，相互传唱，是我国古代文坛难得的盛世景象。

如今在杭州仍有知名风景区宋城，里面古色古香的建筑和川流不息的小贩，诉说着宋朝当时的繁华与热闹。

晏殊词中也对当时社会景象有所提及，如在《望仙门》中有：“太平无事荷君恩。”其他还有“见千门万户乐升平”与“齐唱太平年”等。

《双桥随笔》写道：“晏元献虽早富贵，而奉养极约。”晏殊非常喜欢有人拜访串门，宴请宾客，家里没有一日是不开宴席的。因此，那些宴席上所需要的食盘珍馐都无须提前置办，只要有客人来，便可以立即呈上来。在酒席宴会上，晏殊还喜欢让歌女舞者助兴，与宾客来人一边谈笑风生，一边欣赏歌舞。几轮下来，宴席上就吃得差不多了。然后晏殊就会让歌女舞者退下，自己提笔挥墨，与宾客相互赋诗。这些都是晏殊宴请客人之时最常见的娱乐之法，大家也都习以为常。

由此观之，晏殊一手开创了当时文人间吟诗唱词的风气。这位出身贫寒的达官贵人，常常以热闹欢歌的宴饮或者觥筹交错的聚会，来驱逐人生路上的失意和无奈。可以想象，无数徒儿门生，围绕膝下，把酒欢歌，吟诗叙旧，好不热闹。

兴学·笑傲大宋学堂

晏殊为官一生，除了提拔了大量的人才外，在历史上还有一个突出的贡献，那就是兴学。说起兴学，晏殊可称得上是北宋第一大功臣。

天圣五年，晏殊到应天府任职。在此期间，晏殊开始兴办书院，并将一切可以利用的资源集中起来扶持应天府书院，同时，他还广招天下学士前来讲学，为应天府书院培养优秀人才。

大力扶持应天府书院这件事，在前面的章节就提到过，比如提拔才学兼备的范仲淹去应天府书院讲学。但更多的是晏殊当时的办学精神极大地鼓舞了临川学子，故而临川的学子纷纷响应其办学号召，并在本地依照应天府书院的模式开办书院。一时之间，各地书院如雨后春笋一般纷纷冒了出来。如李觏就率先在南城开办了盱江书院，慕名而来者达上千人。而杜子野则于宜黄创办鹿冈书院。不久后，由曾巩兴办的兴鲁书院在抚州名声大噪，曾巩不仅自己亲定校规并担任授课老师，还将当时富有名气的王安石与欧阳修等人聘请了过来，给兴鲁书院的学子授课。这些书院将宋朝的教育推到了一个新的高度。

庆历三年三月戊子，时年五十三岁的晏殊官至集贤殿大学士、同中书门下平章事兼枢密使。综观晏殊的官场生涯，之所以能够取得如此成就，一来其谨小慎微，明哲保身，且待人以诚，性格豪爽。二来由于当年曾为太子师，他曾经深得仁宗的赏识和青睐，如今当年的太子登基为帝，他自有教导之功。试问哪一位臣子能幸运地得到两位皇帝的喜爱？让君王信你而不疑是一件不容易的事儿，能做太子师更是需要天时地利人和的机会。

得到升迁的晏殊开始与范仲淹两人一起改革当时的书院教学，并设立官学。在当时，从京师到郡县，都能看到官授学校。由于当年是庆历年间，因此，晏殊与范仲淹两人兴学的举动又被称之为“庆历兴学”。

当时的庆历兴学能够进行得如火如荼，也与当时的文化繁荣有着千丝万缕的联系。作为中国文化发展的高峰，宋代文化一直以来都为学者们所广泛关注。

晏殊为官时期，天下太平，百姓富足，因此在文化空前繁荣的基础之上，不断地大兴教育就收到了更好的社会效果。

且来看下面一首词作。

踏莎行

祖席离歌，长亭别宴。香尘已隔犹回面。居人匹马映林嘶，行人去棹依波转。

画阁魂消，高楼目断。斜阳只送平波远。无穷无尽是离愁，天涯地角寻思遍。

写这首词的时候，晏殊已然被外放地方就职。从当初的京官到地方官，其中多少有落差。试想，对于一个为官者来说，一直官运亨通是极为不易的一件事情。但高处不胜寒，越是站得高，周围亲近的人便越少，可以交流谈心的人也就更少。当初那些可以一起喝酒聊天、随意畅谈的人如今也都开始拘谨，诚惶诚恐起来。同时，官位越高，需要处理的事务也越来越繁杂，那堆积如山的文件，仿佛永远都不会减少似的。这种枯燥单调的日子，晏殊已然过了多年。虽然已经荣华加身，但是当初那种少年心性却早已不见，留下的只有世故和圆滑。暗流涌动的官场早已磨圆了他的棱角。

当初那热闹喧嚣的宴席场景，如今早已冷清，环顾四周，人员散去，不复西东，只剩下宴席上的残杯冷炙还诉说着刚才的那番喧哗。也许，正是自己离开京都的时候，不知道前路如何，是否会顺利。带着对未来的不确定，晏殊赴任。

事实证明，晏殊此次虽然被外调，但对于当时的文人学子来说，却是一件意义十分重大的事情。正因为有了晏殊的这次外放，庆历兴学才如火如荼地发展了起来。

幼时满腹经纶的天才神童，昔日的御前一支笔。晏殊着手整改应天府书院。他先是细致认真地考察了应天府书院，看着那幽静的院子，苍翠的古树，一时神思飘远。

阵阵墨香唤起了晏殊的回忆，他回想起幼时与胞弟晏颖在书院读书的场景，那真是一段愉悦而难忘的时光；他还想起当时应试的种种场景，进京那日，家乡的人们都赶来欢送，那热闹的场景直到今日都清晰得宛若昨日。但最令他难忘的还是离别前父母婆娑的双眼，那轻颤的嘴唇，欲言又止。虽然有些话没有说出来，但是他心中明白，那是父母未曾说出口的希冀愿望和美好祝福。当时，绿草如茵，芳草萋萋，花红柳绿，长亭送别。只是当时太过年少，不知其中离别意味，而今回想起来，多少思绪浮上心头。那真是甜蜜的忧伤啊。幸而他和弟弟不负众望，都被赐“同进士出身”，可算是有了锦绣前程。

只是后来，心头最爱都一一离去了。

十里长亭，铺满一地的别离。

在这样的别离里，不知是离去的人更痛苦，还是留下的人更伤怀。离去的人则会奔向更远的未来，去拼他的大好前程；留下的人，则要用更多的强颜欢笑，去遇见更多的过客。别离最伤情的地方还在于，两个人在为分离而心碎神伤时，却还有各自的生活琐事要面对。

可能是为了更方便吟唱，宋词里的很多思念，多是从女子的角度诉说的。比起男子的直白，女子的表达要婉约动人得多。晏殊的这首词，也是这样的。

他在词中写行人设想画阁里的女子是如何为思念而销魂，是如何望断高楼而看不到归人，其中的心痛恐怕他也是感同身受。但是，词人不愿意提其中的委屈，转笔去描写了沉落的夕阳，以及延伸到天边的水波。

这就是晏殊的大气。久居官场的人，已经经历过腥风血雨，表达情感也是十足的浅白自然，就像是爱到深处情转薄一样，那愁情最浓的地方，唯有真实地道出，再无法遮掩。

他的身影穿梭在一间间书房之中，他的手掌抚摸在一张张书桌之上，他的眼神扫视着一卷卷书本，他的言语一句句关切着学子的生活。他从未忘记自己是个读书人，曾经跟他们一样，在这书院之中勤学苦读，那琅琅的读书声，至今犹在耳畔。而今，他为官一方，是反哺回报的时候了。

于是，他登上了讲台，开坛讲学。他亲述自己的学习历程，讲授自己的学习方法，分享自己的学习心得。在他不徐不疾的讲述中，学子们也听得如痴如醉，仿若在享受一场饕餮大餐。也确实，这是一场精神的宴飨。

曾为太子师的晏殊亲历民间，为更多的学子展示他的学识，他慰问学子，走在乡间的小路上，感受着和煦的微风，心也越发沉静。出了京城，他依然还是那个晏殊，未曾改变。

晏殊不仅多处讲学，还遍访名士，邀请了众多才学俱佳的文人前来应天府书院讲学，其中就有范仲淹。范仲淹不负所托，以严谨的治学态度使众学子折服。一时之间，应天府书院如一棵茁壮成长起来的茂密大树一般，洒下浓荫，吸引了越来越多的学子前来求学。原本门可罗雀的书院，经此之后，来往人员络绎不绝。而从这里走出去的学子，更是在后来的北宋大放异彩，进士及第者大有人在。应天府书院的名声更加远播，并由此成了当时的“四大书院”之一。

晏殊对官学的大力推行，让他在当时成为风靡一时的大教育家，而且成了众多学子心中的楷模和精神领袖。五代以降，天下学校大多处于荒废状态，而兴学之风应当是从晏殊开始的。可以想象，每当有学院的学子登科及第，位列三甲之时，晏殊的心中一定如夏花般绚烂温暖。

正是有晏殊在前这样大力地倡导官学，才使后来的宋代形成了人人向学的良好社会风气，并进一步促进了北宋王朝的文化发展，出现了一大批优秀的人才，其中很多都是晏殊的门生。可谓是桃李满天下。

第六章

韶光流年　开枝散叶

对于晏殊的后代，欧阳修在其墓志铭中曾有过详细记录，现录于下：

长曰居厚，大理评事，早卒；次承裕，尚书屯田员外郎；宣礼，赞善大夫；崇让，著作佐郎；明远、祗德，皆大理评事；幾道、传正，皆太常寺太祝。女六人，长适户部侍郎、同中书门下平章事富弼，次适礼部侍郎、三司使杨察，其四尚幼。

江右抚州，自古以来便是才子之乡，风水宝地。资溪大觉山，高山湖泊，原始森林，景色秀丽。南城麻姑山，有麻姑庙道观。麻姑仙女又称寿仙娘娘，三顾东海，三为桑田。南丰傩舞，驱鬼逐疫，古朴夸张，源流久长。在北宋年间就有王安石、曾巩、晏殊等众多才子名士明珠闪耀，才华横溢。

晏殊是晏氏家族中的代表人物，自晏殊以来晏氏家族是人才辈出。且不说晏殊兄弟三人都是当地的才子，晏殊的哥哥晏融，进士及第，曾任御史、赞善大夫、殿中丞等职；晏殊之弟晏颖，也是天资聪颖之辈，自小便才学俱佳，后被赐同进士出身，授奉礼郎，不料十八岁就英年早逝，令人惋惜。

在晏殊的后辈中，也是才子和忠良迭出，他的儿子晏崇让，宋皇祐元年进士及第；最小的儿子晏幾道虽然没能考中进士，却成为大宋历史上赫赫有名的杰出词人；其孙子晏溥，为抵御金兵入侵，不惜散尽家财招募民兵抗敌，最后战死沙场，为大宋捐躯；其侄孙晏升卿、晏中元也都是进士及第；在他的曾孙中，晏绍休、晏敦复、晏敦临、晏肃四人高中进士；曾孙晏孝广也在抗金战斗中壮烈殉国。

晏殊的后代，不是才子就是忠臣英烈，足可以告慰他的在天之灵，让他含笑九泉了。

小晏·上善若水 故几于道

说起晏殊的子女们，最出名的莫过于晏幾道。父子二人被称为“大晏和小晏”，可谓是宋代文坛的佳话。

说起晏小七名字的由来，还的确是经典。《道德经》有云：“上善若水。水善利万物而不争，处众人之所恶，故几于道。”这便是晏幾道名字的出处。晏殊给自家孩子起的名字很别致。很多孩子的名字，都蕴含了父母的诸多期望和愿景，尤其是这样以名句为出处，又非同一般的名字，真的是寓意深远而又个性鲜明。

在几个儿子当中，最出名的就该算是小晏。小晏是深沉真挚的，又是潇洒的，他的潇洒甚至会影响到道学家的阵营里去。

与小晏同时期的程颐素来以古板、不解风情著称，但对于晏幾道的两句词“梦魂惯得无拘检，又踏杨花过谢桥”极为赞赏。以至于后来每当有人吟诵起这两句，程颐都要兴奋地插一句道：“鬼句啊！”这时你会觉得，原来程颐也是蛮可爱的。

关键还是小晏的词，的确好，好极妙极。

有人说晏殊的孩子一共有九个，晏幾道按照出生排行，应是第八个，但由于在前的三哥被过继出去，因此晏幾道的排行便升为七。小七是最受宠爱的那一个。

《雪浪斋日记》载：“晏叔原工小词，不愧六朝宫掖体。”确实如此，如在《鹧鸪天》中有着这样的句子：“舞低杨柳楼心月，歌尽桃花扇底风。”

晏幾道不同于晏殊喜好喧闹，相反，晏幾道为人孤傲，由于晚年家道中落，故而其词哀怨缠绵、清壮顿挫，这从《鹧鸪天》《临江仙》到《阮郎归》都有体现。

根据史料记载，晏幾道并不像其父晏殊那样，圆熟于政治，从而未能在官场上取得较高地位。晏幾道醉心于六艺，旁触百家，尤其对乐府很感兴趣。故而，晏幾道十分热衷于藏书。《墨庄漫录》中记载了这样一件十分有趣的事儿，原录之："晏叔原聚书甚多，每有迁徙，其妻厌之，谓叔原有类乞儿搬漆碗。叔原戏作诗云：'生计惟兹碗，般檠岂惮劳。造虽从假合，成不自埏陶。阮杓非同调，颜瓢庶共操。朝盛负余米，暮贮藉残糟。幸免墦间乞，终甘泽畔逃。挑宜筇竹杖，捧称葛为袍。倘受桑间饷，何堪井上螬。绰然真自许，噱尔未应饕。世久轻原宪，人方逐子敖。愿君同此器，珍重到霜毛。'"虽是游戏之作，但诗中所反映出的晏幾道的性情，却是斐然可见。

晏幾道从小文采出众，故而深得晏殊同僚们的喜爱。但是他的性情实在过于孤傲，《研北杂志》中载："元祐中，叔原以长短句行，苏子瞻因黄鲁直（即黄庭坚）欲见之，则谢曰：'今日政事堂中，半吾家旧客，亦未暇见也。'"

即使是面对当时的大文豪苏轼，晏幾道都不假以颜色。同时，他又不愿受世俗之约束，也不愿趋炎附势，更不愿依靠父亲的荫护而谋取功名，因此，为官数载，也只是一个小小的地方官。

但是晏幾道究竟是怎样的一个人呢？后世之人已难以再与其相交，也只能从他当时的好友黄庭坚的《小山词序》中来揣摩几分，也许，这多少能增加一些我们对晏幾道的了解。

其中道："余尝论：叔原，固人英也，其痴亦自绝人。爱叔原者，皆愠而问其目，曰：'仕宦连蹇，而不能一傍贵人之门，是一痴也。论文自有体，而不肯一作新进士语，此又一痴也。费资千百万，家人寒饥，而面有孺子之色，此又一痴也。人百负之而不恨，己信人，终不疑其欺己，此又一痴也。'"由此可观之，晏幾道之孤傲实则是一种忠纯真挚的表现。其童心未泥，故而难以与当时之世人流于一处。

晏幾道流传下来的诗词并不多，但传世的大多都是寓意很深之作，如《与郑介夫》中的“春风自是人间客，主张繁华得几时”，以及《题司马长卿画像》中的“穷通不属儿曹意，自有真人爱子虚”。

晏幾道的诗词主要收录在《小山词》中，主要都是一些抒情鲜明之作。其中收录进《全宋词》的有260首。其中长调3首，其余均为小令。晏幾道擅写小令，其不仅糅合了其父晏殊富丽典雅和清雅闲淡的词风，还融入了柳永的缱绻旖旎，使原本显得格局较小的小令开始登上大雅之堂，并开创了一种清俊顿挫的词风。在北宋中期，晏幾道的小令词达到了一个新的高度。

后世之人，对晏幾道的诗词十分推崇，尽管有父晏殊在前，但是晏幾道并没有被父亲晏殊的耀眼光芒所笼罩，据《白雨斋词话》中载：“北宋晏小山工于言情，出元献（晏殊）、文忠（欧阳修）之右……措词婉妙，则一时独步。”可见，晏幾道在写词上已经青出于蓝，取得了比其父晏殊更高的艺术成就。同时，由于晏幾道和晏殊所经历的社会生活并不相同。因此，晏幾道所写出来的词相较于晏殊的而言，显得更加深刻。

《小山词》中，大多都是缅怀之作，尤其是对往昔的怀念。因而，其词往往充斥着一股幽怨哀愁气息，基调伤感，但感情真挚深沉。晏幾道在创作之时，并不单单只是写景写情，而是寓情于景，情景交融。同时，语言清丽，声韵和谐，仿佛可以直达人心。晏幾道擅于通过简单的画面刻画出细腻的情感，如在《临江仙》中有“落花人独立，微雨燕双飞”，以及在《鹧鸪天》中广为传诵的“舞低杨柳楼心月，歌尽桃花扇底风”等。

下面来看小晏的这首词：

阮郎归

天边金掌露成霜，云随雁字长。绿杯红袖称重阳，人情似故乡。

兰佩紫，菊簪黄，殷勤理旧狂。欲将沉醉换悲凉，清歌莫断肠。

这是晏幾道在京城之时于重阳佳节的酒会宴饮上所写的词。通读全词，我们可以感受到词人那种自叹身世，虽有抱负却只能郁郁不得志的情感。不过，虽是郁郁寡欢，但词人并没有完全绝望。整首词随着情感的步步深入，音韵也逐渐由和婉转为悠远，从而烘托出一个冷清凄凉的意境。

词以秋景起兴。时值深秋，重阳已至。“天边金掌”意指汴京景物，首句便显得奇峻不凡，选材突出。随后又以雁入景，极写闲淡之态。于是，起首两句便形成了一个巨大的张力，意象玄妙，同时也为接下来的萧瑟奠定了基调。紧接两句，词人开始吐露心声，抒发客居心情与思乡之情，笔调细腻而情感深蕴。不仅点出了自己的忧思之情，更追忆了当初年少时的美好友情，可见心中对这段情谊的珍视。

“兰佩紫”化用了屈原《离骚》中的“纫秋兰以为佩”。而“菊簪黄”则取自杜牧的“菊花须插满头归”。短短六个字，就生动地刻画出了人物服装之美，同时也从侧面渲染了当时宴会的喧闹。但这些热闹喧嚣又如何，他不过是委曲于世，不得重视罢了。他仕途不顺，情绪低落，心情难以舒展，今日正值佳节，难得轻松一会儿，正好可以将旧日里的狂狷都宣泄出来，不用再拘束自己，委曲求全，唯此方不负友人一片相邀之心。

况周颐在《蕙风词话》中有这样精彩的点评：“‘绿杯’二句，意已厚矣。‘殷勤理旧狂’，五字三层意：狂者，所谓一肚皮不合时宜，发见于外者也。狂已旧矣，而理之，而殷勤理之，其狂若有甚不得已者。”由此可知，往常之时，词人所遭遇的挫折当是不断，以至只能压抑自己的本性，需要在今日借助酒兴才能放开一二。其中之艰辛不堪，以及不宜与人诉说之情感，该是何等深沉。

如此，便将词的意境再次往前推进了一步。收尾两句，不仅对上面的情感做了一个总结，而且还笔锋突转，引入了更丰富的层次内涵。《蕙风词话》中同样对此句给予了中肯的点评：“‘欲将沉醉换悲凉’，是上句注脚；‘清歌莫断肠’，仍含不尽之意。”这两句包含了词人那种无可奈何而又无法解脱出来的深沉苦楚，有着一唱三叹，回旋曲折之妙。整首词，音韵极富有感染力和韵味，意境丰富，层次多变。其妙处当细细体会方可得，就如

《宋词举》中所言："小山多聪俊语，一览即知其胜。此则非好学深思，不能知其妙处。"

不同于父亲晏殊，晏幾道并不贪恋官场，于是他的身份更加直观明了，是词人、文学家。他的才华横溢，风流多情，也造就了他放荡不羁的性格。因为他是一介文人，不用介意文章中是不是要有需要避讳的人物和内容，所以他可以在创作的时候酣畅淋漓，尽情地表达自己的所思所想。

在晏殊的眼中，作词是小道，为官是大事，写词是政治之余偶尔为之的事，而他笔下的词，从不辜负他的才华。

放眼中国历代，好文人不一定就是好政治家，好政治家并不一定能写出诸多千古绝唱。体制内的限制，一定程度上会影响文人文采的发挥，这就是晏殊晏幾道父子最本质的区别。

鉴于篇幅和内容安排的原因，晏殊的其余几个孩子，我们就不在这里一一赘述了。

勤勉·老当益壮

晏殊虽少年得志，此后一直身居高位多年，却从未懈怠过，反而一直以勤勉著称。少年时博览群书的扎实让他在后来的文坛和政坛都干得风生水起。晏殊和晏幾道的词，大致都可以划到婉约一派。他们的词基本没有精忠报国的慷慨激昂，也没有决胜沙场的酣畅淋漓，大都是一些感怀伤春，离愁别恨，书写小儿女情思，话闺房之乐的作品。

不像王安石等人常常在人生起伏的关口，暗示仕途的波折抑或感叹时事的不容易。晏殊的作品通常没有大的对于国家命运、百姓安危的担忧和关切。

无题

油壁香车不再逢，峡云无迹任西东。
梨花院落溶溶月，柳絮池塘淡淡风。
几日寂寥伤酒后，一番萧瑟禁烟中。
鱼书欲寄何由达，水远山长处处同。

油壁香车，古为女子之车。古时，女子外出之时，不可轻易抛头露面，更不可像男子一般骑马而行，她们所乘坐的马车不能露天，而要用布幔遮盖起来，并在车壁上涂上油漆。在此词中，它却并非指女子之车，而是指乘车之人。

峡云，巫山峡谷上的云彩。峡，巫峡。云，云雨一词的偏称。云雨，巫山神女的化身。此处是指心爱的人翩然离去，踪迹成谜，难以寻觅。

起首两句是说，心中所爱的那个可人儿，乘坐着她那辆马车已经悄然离去，从此天涯海角也无缘再相逢。她的来去，就如同巫山之雨，寻觅不到半点踪迹，也看不到丝毫的痕迹。

小院里满树的梨花开得正好，在朦胧的月光下，仿佛要和皎洁的月色融在一起了。池塘边，成荫的杨柳正在舒展枝叶，那随风而起的柳絮，轻旋打转飞扬在淡淡的微风里。几天以来都是寂寥地喝着闷酒，把自己笼罩在一片萧瑟的烟雾中，一次次萧索冷落又正值寒食节中，手里的家书是想要寄出去的，却不知道地址该写哪里，山那么远，水那么长，寄到哪里都一样。

“有雨的时候没有伞，有伞的时候没有雨。”因为认知与期望产生偏差所造成的错觉与不可知性，总有一些意外或者惊喜。晏殊有词：“落花风雨更伤春，不如怜取眼前人。”这是一种对未来境况难以预知的消极悲观情绪，但这种忘忧的快乐确实令人心安。

年轻时容易喜欢浓烈的情绪，因此，虽然并不一定对李后主的家仇国恨感同身受，但依旧毫无理由地喜欢他那句“无限江山，别时容易见时难”；不知道怀才不遇是什么感受，但也不妨碍喜欢柳永这句“忍把浮名，换了浅斟低唱”。如今，走过长长的黑暗，却在光明里寻找平淡的真意，所以喜欢五柳的“采菊东篱下”，也喜欢晏殊的“去年天气旧亭台”。经年的磨砺已经让晏殊养成了淡然闲适的心境，荣辱不惊，波澜不起。

今天，时间在走，词人为时间编织的花环，还一直戴在词人头上。

读晏殊即席而作的词，无论作乐还是伤怀，晏殊都一直会给自己留有余地。这余地并不是退路，而是转身的空间，反思的智慧。有人说，晏殊被这荣华富贵泡软了骨头，磨灭了心性，所以整天只知道寻欢作乐、虚度生命。却不知道晏殊其实一直不曾真正沉迷。他一直是清醒的，知道自己要度过什么样的人生，知道生命的真谛。

然而，世人对晏殊的误解却一直根深蒂固，可能是因为人们更容易同情落难者，而难以平心静气地对待一位高高在上的富贵人士。说才华，嫌弃他身处高位，没有政治建树；说智慧，又嫌他日子过得太过纸醉金迷。因此，直面社会的现实里，赞美一位政绩并不如何出众的太平宰相，似乎是一件不太可能的事情。

浣溪沙

玉碗冰寒滴露华。粉融香雪透轻纱。晚来妆面胜荷花。

鬓亸欲迎眉际月，酒红初上脸边霞。一场春梦日西斜。

夏日，黄昏，丽人方睡醒，晚妆初罢，酒意微醺。这一切，就如同一幅缓缓展开的图画，呈现在读者的眼前。

开篇，词人的视角便定格在室内的静物上，那正盛放着寒冰的玉碗，碗边沿处还垂挂着圆润剔透的水珠，好像露一样似坠欲滴。古时，富贵之家大多会在家中的地窖里储存冰块，然后等到夏季到来之时，再将冰块从地窖中取出，以供消暑。

同时，首句之“寒”字便衬托出了夏日酷暑中室内的热。于是，词人笔调一转，便将视线移到了室内的女子身上，只见她轻覆薄纱，粉汗微融，那雪白的肌肤因太热而呈现粉色。那晚妆初罢的娇美面庞，更是比刚展露的荷花还要艳丽娇嫩。

此处，词人用比拟的手法，生动地刻画了室中女子的情状。虽没有“汗”字，却无一处不显出女子此时因暑热难耐而出了一层薄汗。同时，“香雪”二字与之前的“冰寒”相照应，以突出夏日中清凉之感。寥寥几句，便勾勒一幅女子妆罢的优美图景。

下片，词人细致地描绘了女子的形貌，那垂过耳际的鬓发，那靠近眉目间而贴在额头上的月牙形的妆饰，以及那因饮酒而微醺的绯色脸颊，都写得细致入微、情态动人。同时，也写出了女子虽艳丽却并不俗气，反而显得娇态可人。

在古时，女子都喜欢在额际用黄粉涂抹成月牙形作为妆饰，又由于这妆饰是在两眉之间，故而又被称之为“眉际月”。而本词中，词人用“欲迎”和“初上”两词绝妙地刻画了女子的妆容，同时也显示了词人对其不加掩饰的欣赏之情。

词人还用“月”与“霞”两字来分别隐喻词中女子的眉眼面貌，但实际上这两个字也是实景描写，因此，可谓语意双关。试想一下，夕阳西下之时，一个身着薄纱的美艳女子，晚妆初罢，盈盈伫立，静待新月。

尾句“一场春梦日西斜”点明了前边所描述之场景都不过是女子刚刚睡醒之时的样子。睡罢方醒，粉汗微融，女子不得不重新整理妆容。“春梦”意指短暂的好梦。于是至此，整首词的意境全出，皆是因夏日午后慵困无聊，而心头涌起闲愁闲恨。最后，晏殊在此词中还采用了极为精巧的倒装结构，先“晚来”开题，随后便用“日西斜”来呼应，真可谓匠心独运。

这完全是一个写闺中女子的作品，形容了女子精心打扮，等待心上人归来的场景。

你很少在你的词中开心地笑过，这下，词中的女子笑得羞红了脸，像是涂了天边的彩霞。你常常写的是离恨，深愁。但是这一次，你开心无比，你刚刚远行回来，一想到家中的伊人心开了花，你就情不自禁地心头一暖。那唇齿间，眉眼间，都轻轻地流动着爱意。

抬头，楼上珠帘卷起处，窗前美人盈盈的身影，如水的笑容。沁人的芳香，不迟疑地扑到身前。词里那些缤纷的美好，就如此温柔地拥入怀中。思君如流水，何有穷已时？

斜阳路过了，招手，轻唤，下楼梯。

笑语已闻，芳容相许，执手，唯愿偕老。

在晏殊的一生当中，遇到的女子并不算少，但很难说，他某个作品里的某个女主人是谁。因为大部分都是生离死别，都是天涯海角。

时间不会理解你是否有难处，岁月只是一味地催着人不停地变老，也根本不信你会是个多情的人，也根本不会理解你的伤心。不管昨夜你如何泣不成声，早晨醒来，这个城市依然车水马龙。

在这一部并不算漫长的大宋历史上，晏殊注定是不太讨好的。无论讨好还是不讨好，他都将一阕阕词写得如此秀雅，待人处事却一直直来直去。未得富贵时便老老实实读书，得到富贵之后就尽情享受，高兴了就饮酒作诗，不高兴了就开口训示，这也不失为一种安之乐之、穷亦乐富亦乐的人生态度。

“满目山河空念远，落花风雨更伤春。不如怜取眼前人”的总结，也是清醒而透彻的。有时候当你在顺境里遭受过破灭，在得意时体会过失去，在骄傲里品尝过无助，你才会发现，人生的无奈太多太多，很多东西，只能追逐不可挽留，只能曾经拥有，无法天长地久。人也需要在适当的时候，从无助里看清楚命运的无常，从苦涩里寻觅到活下去的希望，从回忆的陷阱里抽身出来，去全身心地珍惜现在的美好，去做个活在当下的人。

多少人沉溺于经年的失去和痛苦无法自拔，于是在新的轮回里继续失去，等幡然悔悟的时候，已经晚矣。

诉衷情·芙蓉金菊斗馨香

芙蓉金菊斗馨香。天气欲重阳。远村秋色如画，红树间疏黄。

流水淡，碧天长。路茫茫。凭高目断，鸿雁来时，无限思量。

此小令以写景为主。上片以景开篇，下片以情收尾，从而景中寓情，情融于景。重阳将近，芙蓉、金菊竞相开放，争奇斗艳。那静立在远处的乡村，就好像是秋色中一幅素雅的画卷，那林间红黄层叠的树叶，鲜亮可爱。秋水清亮凛冽，清浅无波，碧水长天，空旷悠远，长路漫漫，在茫茫原野上延伸至远处。

登上高楼，举目远眺，碧蓝如洗的天空有鸿雁振翅掠过，不由让人涌起无限思量。这本是古代词人最常表现的一种主题，但是晏殊此词显得别有一番风味。他用淡雅的笔墨勾勒出了一幅秋日里的图景，此景之中弥漫出无限的相思之情。

这里的红树指的是枫树。“目断”极尽视线所能到达的最远之处，同时也从侧面显示了词中所写之人凝神眺望，伫立不动的样子。

在此词的上片首先点明了“重阳”，然后下片又承接而出“凭高”，由此可知，该词应当是在九月九重阳登高之时所作。整首词中，晏殊通过对周围环境景象的描写勾勒，突出了秋日空旷寂寥之中陡生思乡思人之感。尾句实乃点睛之笔。

起首两句选取的“芙蓉”和“金菊”，非常具有代表性，不仅表现了季节性，突出秋日特色，而且用两者相争亦刻画出了局部的热闹之感，可见晏殊应当是特意为之。随后，视线转移，从争奇斗艳的花转到了远处的乡村和红黄相间的树林，由近及远，同时，连同那种热闹喧嚣之感也被拉远，渐渐远离。

这两句纯粹的写景在情感和表达上形成了一个过渡带，并由此顺理成章地引出了下面的描写。同时，晏殊在写景之时，精心选取了最富有秋日特征的黄叶入景，而黄叶中又夹杂着红叶，从而显得浓淡相宜，有色调相谐之感，意境更加优美。

下片依旧是以景开篇，但空间跨度很大，不仅从水路到陆路，而且还从天上写到了地面，极显视野之开阔。

秋日，湖水清澈，水波不兴，天高气爽，空旷寂寥，尤其一“长”字，极富情状，不仅写出了天的高远，而且突出了感官上的拉升之感，刚好与接下来的“路茫茫”相承接，仿佛眼前的天和地上的原野都被拉成了一条望不见尽头的路，延伸至天际，即使极目眺望，也无法看清。其实，这就是词中所写的“凭高目断”。因而，细读之下便可发现，晏殊在此词中的写作极富技巧性，环环相扣，衔接紧密。

站得很高也看不清来路，不由得心中有点惶然。突然一只鸿雁从高空中飞过，扑翅飞向了远方，见此情景，惶然立即转变成了一种相思之情，且一时之间竟无法收住，引起多少思量。

王国维曾经对写景与抒情的关系有着这样的论述：“一切景语，皆情语也。”此词之写景正与此境相合。所写之景，无一不蕴含着晏殊的情感，故而在最后收尾之时方才显得水到渠成，情景交融。

思亲之作，古往今来大多如是。独在异乡，每逢重阳，必然会回忆起往昔的欢聚之景，感怀如今孤寂一人，无尽的悲凉和落寞便会涌上心头。晏殊的这首词，心情便如斯。

古人常常善于运用特定的词语，来指代特定的感情，譬如，这里的鸿雁，就指的是家书。

有关鸿雁传书的典故可追溯至汉朝。苏武出使匈奴，后来却被单于放到北海牧羊，十九年都不得回到大汉。但有一次，汉武帝如往常一样去上林苑狩猎，这次发生了一件奇怪的事情，他射下来的那只大雁的脚上竟然绑着苏武的书信，信上所书皆为苏武在北海牧羊的事情，于是在朝廷的努力下，苏武回到了大汉。这便是鸿雁传书最早的典故。

写下这首词的时候，晏殊刚刚被贬谪到陈州，第二任妻子孟氏也是在这个时期亡故的。

鸿雁传书来的那一刻，晏殊会想起故乡的什么呢？是年少时就已经辞别的故乡，还是分别已久的故人？是父亲坟头那一株茂盛的白杨树，还是母亲精心烹制的一盘青豆炒肉？这篇思乡怀远之作，表达了晏殊心头全部的乡愁。

多少幽怨泣西风，只有愁思重重。晏殊伫立在秋天里，看满地的落叶被秋风浸染成寂寞迷离的黄色，看到绚烂的阳光，将树梢映出缠绵细碎的影子，如此凄婉哀伤，愁情显而易见。只是以晏殊的性格，自是不肯在重阳登高之时，歌唱一曲直白的思乡之曲，亦不肯将贬谪的变故在词中悉数流露，他最多也只是道了一句无限思量，心事无穷。只因这一刻的心绪实在是说不清，也不想说。

年轻的时候经历变故，尚可以单纯地号啕大哭，而年纪越大，心也就渐渐地封存起来，被岁月的一场又一场变故，裹上厚厚的硬壳，夹带着越来越多沉重的味道。关于人生，关于生死，关于不再留有余地的岁月，都是太多无从道出的悲凉。

故乡，在晏殊的眼里，也许就是年少的一个起点，随着弟弟的突然离开，父母亲相继去世，家已然成了一个伤心的地方。那一份关于贫寒的童年记忆，他也越来越多地想起，而在历尽繁华的晏殊眼中，却化作有关回归和终点的象征符号，终究有一日，自己要回到生命的起点处，画下一生旅途的终点。来生，要做那家乡原野上的一只小鹿，无忧无虑地奔跑在绿色的春天里。

因为经历了太多，所以也就有了格外多的惆怅和感慨。只是，无论怎样感慨前路的迷茫，眼前横亘的依然是不得不去直面的现实，这一份心底的思量，只能寄托于南来北往的大雁，看它穿云而去，飘摇万里，不知道能不能到达那一片望之不及、思之不及的故乡。

淡泊·许我扁舟一叶

总体而言，晏殊为官之时，忠君效国，豁达大度。范镇曾经在写给晏殊的挽词中这样写道："平生欲报国，所得是知人。"晏殊虽久居高位，却待人平和，从不盛气凌人，恃宠而骄，他曾说："遇人必以诚……得一善，称之如己出。"正是他这种待人以诚的态度，使他的门生满天下，其中就有欧阳修这样的大文豪。因此，其在过世后，得到了当世人和后人的很高赞誉。欧阳修为悼念恩师晏殊，特意写了三首挽词，现将第一首和第二首分别抄录于下："接物襟怀旷，推贤品藻精。谋猷存二府，台阁遍诸生。帝念宫臣旧，恩隆衮服荣。春风绿野迥，千两送铭旌。""四镇名藩忽十春，归来白首两朝臣。上心方喜亲耆德，物论犹期秉国钧。退食图书盈一室，开樽谈笑列嘉宾。昔人风采今人少，恸哭何由赎以身。"可见其中的情深意切和推崇。

庆历三年初，晏殊便大规模地为朝廷招揽人才，起用新人。同时，他还对中枢院和谏院等进行了重大的改造。这些都为后来范仲淹等人推行"庆历新政"奠定了基础。其实，也正是因为有着作为宰相的恩师在背后支持，范仲淹和富弼等人才得以大胆地提出新政，并在国内推行。虽然最后新政失败了，但是，在某种程度上，新政的推行，正是因晏殊的存在才有机会被提出和尝试。

在为官之余，晏殊还长时间混迹于当时的文坛，其成就也是有目共睹的。晏殊不仅擅诗词，而且工于文章书法。但他最为擅长的还是写词，因此在当时，晏殊又有着“宰相词人”这个称号。其词秉承唐五代而来文风，不仅吸收了南唐时期的词风，将“花间派”进一步创新，而且还据此开创了北宋初期的婉约词风。

正是由于晏殊在写词上的突出贡献，他又被后世之人冠以“北宋倚声家之初祖”的称呼。晏殊的诗词往往在写景之中巧妙融入情感，达至情景交融，极富特色。如他那首广为人知的《浣溪沙》中的两句“无可奈何花落去，似曾相识燕归来”与“昨夜西风凋碧树。独上高楼，望尽天涯路”，以及《撼庭秋》中“念兰堂红烛，心长焰短，向人垂泪”。

诉衷情·青梅煮酒斗时新

青梅煮酒斗时新。天气欲残春。东城南陌花下，逢著意中人。

回绣袂，展香茵。叙情亲。此情拚作，千尺游丝，惹住朝云。

用青梅煮酒，是古时人的习俗。一般是在春末或者夏初，刚好青梅成熟的时节，取青梅用酒煮之，然后饮酒赋诗，十分之惬意。

又是一年春将尽，到了青梅成熟的时节，虽然春光将逝，却正是煮青梅的好时候。外出踏春郊游，刚刚好。在郊外偶遇意中人，不由得满心雀跃，一股喜悦爬上眉梢。这时，他向她挥手，招呼她一起野餐。

在芳草萋萋的绿野之上，他们席地而坐，赏清风原野，看蓝天白云，一起把酒言欢。两人之间慢慢弥漫开来的情思，就如那千万条的游丝一般，在空中飘忽不定，然后缠裹住两人，那似有若无的春思，似来还去。

整首词以“青梅”起兴，点明了时节，即暮春初夏，此时正是青梅煮酒的好时节。看似以闲笔开篇，实际却颇有深意。古人喻男女关系自幼亲近，多以“青梅竹马”喻指，而“青梅”喻指女子。同时，青梅入口酸涩，以酒煮之，清洌甘甜，较之生吃简直是天壤之别。

因此，晏殊此词以“青梅”起句，实则有两重意思，一是暗示下文心仪之女子，二是显出见到女子之时，心中那种甘甜之情，撩动情思。“斗时新”，犹言“趁时新”。原本是想趁着残春之际，前往野外春游，煮酒赏景，哪知会在东城南就遇上了心仪的姑娘，不由得怦然心动，难以言表。

“回绣袂，展香茵。叙情亲。”两人一路相随走到野外，然后一起在绿野上赏景畅饮。虽然只有短短的九个字，却具有极强的叙事性。不仅写出了女子娇羞的情态，而且点出了两人若隐若现的情意。而在两人坐下交谈之后，两人的关系更近一层，显得亲密无间。

彼此开始互诉衷肠，表达绵绵的深情。但由于两人只是偶遇，男子心中又不免多了几分忐忑，恨不得心中那如波涛涌动的情思可以化成千万条的游丝，系住可能如朝云一般飘然离去的女子，将她牢牢地留在自己的身边。

在此词中，“朝云”用来比喻意中人。同时，也暗暗地隐藏了那“旦为朝云，暮为行雨”的典故，用来指“巫山神女”之神伤。因此，也就比较好理解为何男子想要将心中之情化为游丝，牵住朝云。但是，这纤弱的游丝，又如何能真的牵住那聚散无形的朝云，最终还是会消散不见。由此，晏殊也点出了人之相逢，在短暂的欢愉过后，一切终将烟消云散，不复存在。其中，多少惆怅惘然，一切尽在不言中。

采桑子·春风不负东君信

春风不负东君信，遍拆群芳。燕子双双。依旧衔泥入杏梁。

须知一盏花前酒，占得韶光。莫话匆忙。梦里浮生足断肠。

那轻柔舒暖的春风，带着词人的殷切思念，从那盛开的群花中轻拂而过，将紧紧依偎在一起的花儿分开，然后带走缕缕馨香，吹向了遥远的地方。那成双成对的燕子，已经在春风中南归，低声呢喃，开始构筑自己的新巢。那潮湿的泥巴被它们一口口衔到了用杏树做成的横梁间，也许不久之后，那里就会有一个温暖舒适的燕巢。

要知道，那洞房花烛之时，最是美景难以消受。那小小的一杯酒，仿佛会带去大片的美好时光。在这个难得的良辰美景里，词人不愿喝那盏酒，只怕辜负韶光。唯愿如此依偎相伴，深夜长叹。不要觉得一切匆忙，都要去做。从梦中醒来之际，那种思念足以让人肝肠寸断。

晏殊的词作风格，带有婉约气息。婉约大家并不陌生，它是宋词风格流派之一。

后世之人，将词分成了“婉约”和“豪放”两派。如《花草蒙拾》中就有这样的记载：“张南湖论词派有二：一曰婉约，一曰豪放。”后来，徐师曾又在其《文体明辨序说》中明确指出：“至论其词，则有婉约者，有豪放者。婉约者欲其辞情蕴藉，豪放者欲其气象恢宏，盖虽各因其质，而词贵感人，要当以婉约为正。”依据上述之划分，晏殊之词风显然属于“婉约”词派。

婉约，是委婉含蓄之意。如上所述，用于词派风格，主要是指那些词的词风以柔婉之情见长。实际上，婉约词风，古来有之。这大概与词的兴起有关，在古时，词原本是唱乐所用。

在最初之时，词用来演唱大多都是在酒席宴会之上，或者青楼勾栏之中，所表达的也都是些情爱之意或者深闺幽怨，抑或是离愁别绪等，故而总是显得柔美婉转，缱绻多情。《花间集》就是其代表，其中之词多是“香软”之词风。

晏殊及柳永等人虽在词的内容上有所拓展，引入了更广泛的社会生活，在语言上也更清丽，结构上更加精巧，也形成了属于自己的特色，但总体上而言，依旧没有摆脱“婉约”一派，还是有着“婉转柔美”的格调。

由上可知，“婉约”一派更加偏重于儿女情长，故而大多以言情见长。同时，其结构缜密深细，音韵和谐，在语言的使用上，显得精致圆润，其词风或清新或幽怨，无一不给人一种女性般的柔婉之美。不足之处是其内容太过狭窄，主题表达也就受到了限制。

“婉约”词风盘踞宋朝词坛太久，影响太深，以至于长期以来，不管是古时还是如今，大家都有“豪放派”只是少数，“婉约派”才是主流之感。如，《艺苑卮言》就将李后主和柳永及周邦彦等人的词称为“词之正宗”。在这种观念的影响下，直至南宋，姜夔与吴文英等人都深受其影响。

诉衷情·世间荣贵月中人

世间荣贵月中人。嘉庆在今辰。兰堂帘幕高卷，清唱遏行云。

持玉盏，敛红巾。祝千春。榴花寿酒，金鸭炉香，岁岁长新。

晏殊本人的淡泊，主要表现在两个方面。一个是作品风格，另外一个就是为人处世。他太过于小心谨慎，于是也就对什么事情都能看得很开。两任妻子的故去，父母和小弟的离开，太多的经历，已经让晏殊看淡了生死，看淡了这世间的一切。

晏殊一生写过许多感叹时光如水、璧人无处可寻的诗句，不管是在宾客满座时的饮酒作乐，还是在幽静小径间徘徊时的哀叹，他都会时时刻刻警醒自己人生的转瞬即逝，好景不长，但是也会用皎洁的月光，长阔的风物，安静的喜悦及饱满的智慧，来淡化这些愁绪和失落。毕竟良辰美景奈何天。

第七章

一尊如旧话平生

如果你仔细研读过晏殊那些表达了对生命感悟的作品，那么你就会知道，晏殊其实是一个对生命有着独特见解的人。与此同时，在他的词作中，有三种感情最为常见。

1. 忧生心理：对生命短暂的哀叹

二十岁左右之时，晏殊经历了一系列至亲相继离世，这对他今后的人生产生了很大的影响。

晏殊经历的第一起有关亲人的死别发生在他最喜爱的弟弟身上。当时，他的弟弟晏颖与他一起被选入宫。那时，他以为他们会这样一起相互依靠地走下去，直到老去，还能彼此搀扶，看落日余晖。但世事无常，晏颖在十八岁那年，突然就莫名离世。弟弟的突然离开，让晏殊深受打击，年轻的他开始思考人生，思考生命，思考死亡。这也让他的性情蒙上了一层忧虑，不再如之前般任性洒脱。随后不久，晏殊的父亲病逝。当时晏殊正在京城任职，听到消息的他整个人都沉浸在悲痛之中，然后匆匆回家奔丧。许是命运捉弄，几年后，母亲离世。几年间，至亲之人相继离世，最后只留下晏殊守着时光慢慢地变老，这种心情只怕难以与人提及。而正是在这接二连三的打击之下，晏殊的内心深处始终对生命存有高度的敏感，只要轻轻碰触，便会触动他的心弦。

2. 缺失心理：在爱情生活上的缺失

晏殊的三段婚姻都不算圆满。他与前两任妻子琴瑟和鸣，却无缘白头偕老，厮守终生。第三任妻子虽然伴他至老，夫妻感情却不如与前两位那么融洽。在爱情上，晏殊始终抱有缺憾，而这种缺憾心理，便直接反映在了他的词作当中。

3. 宦游之思：在官场中的体会

官场之中，难免钩心斗角。晏殊为官一生，都较为平顺，虽然曾遭遇三次贬谪，但都是在离京师较近的地方出任，并非是那些偏远蛮荒之地。而且，即使是遭贬，他的官职也都不算低，比之其他人，已经好上太多。虽然从他为官伊始，朝内党争就一直非常激烈，但是由于晏殊处世圆滑，明哲保身，虽有时如履薄冰，但最终还是有惊无险。不过，朝廷的党争依旧还是在他的心里留下了阴影，时刻让他警醒周身的内忧外患，不敢过于放松。

正是在这三种心理的交互影响下，晏殊将对生命的深刻体悟，在词中转化成了一种闲雅淡泊的气度。在古时，人们选择消除自己痛苦的方式大致有这几种：死亡、出家或遁世。晏殊则不然，他选择游戏人间，用自己的生命去体验尘世的生活，虽然它曾将那么多的痛苦加在他身上，但是他依旧选择用出世的方式来消解自己的痛苦和忧愁。他立足于现实，用自己的心去体悟生活与生命，而不是逃离。

其实，这种方式并不是晏殊所独有。在当时的宋朝，不少人都选择了和晏殊类似的生活方式。出现这种现象，大概与当时的社会环境有关。晏殊生活的时期，正是“三教圆融”的时期，原本一直斗争不止的儒释道三教在此时放下了异见，彼此接纳相容。而当时的文人对这三种教兼收并蓄，从而出现了既执着于现实又超然于世，看似矛盾实则圆融的处世态度。这种内敛型的处世方法，让宋朝的文人显得更加旷达豁朗。

因此，尽管晏殊对生命的体悟是一种沉郁的情感，但是，他始终用一种达观圆融的态度来处世，从而达到了情中有理。晏殊曾经写了一篇《中园赋》，其中，他这样写道：“倘佯乎大小之隐，放旷乎遭随之命。”由此可见其旷达、内敛。

也许正是由于上述之种种原因，晏殊虽然词承南唐，却去其铅华而自有一股清新之态。他写的词虽显得富贵闲散却不粗鄙陋俗，虽然也有艳词却并不显得轻佻，反而处处透着一股淡雅闲适之意，就如他的人一样，人淡如菊，清雅如莲。

晏殊少年便进入繁华的汴京，从此再也没有离开过权力纷争，生在太平盛世，活在静好的岁月里，既没有经过国家离乱，也没有尝过人间疾苦，曾权倾朝野，门生遍布，桃李天下，可以说是名副其实地享受着金玉满堂的大富大贵。

所以，他的闲愁就真的是闲愁，无关理想和现实的针锋相对，而只是一朵开在无常岁月里的清香小花。因此也不难理解，一个诗人的作品风格是当时社会经济发展和国家安定与否的直接体现。不经历国家衰亡，朝代更迭，是不会有杜甫“感时花溅泪，恨别鸟惊心”的时代使命感的。

清人冯煦编有《宋六十一家词选》，其中收录了各大词家名作，对于晏殊，冯煦在里面如是写道：“晏同叔去五代未远，馨烈所扇，得之最先。故左宫右征，和婉而明丽，为北宋倚声家初祖。”综观北宋文坛，冯煦之言十分之中肯。

在晏殊之前，填词还并不是一项主流，从事填词的文人也都是偶尔为之，多表现为即兴之作，并没有真正将填词当成诗一样来对待。因此在当时，文人往往都是诗名要大于词名。但自晏殊始，填词开始获得与诗同等重要的地位。晏殊自小就被称为“神童”，其在十五岁之时，就已经被宋仁宗赐同进士出身，此后一直位列三班。因此，晏殊凭其特殊身份，在大力推行填词之时就显得极为有优势，而跟风者自然络绎不绝。晏殊也由此真正以词著称。

在当时，晏殊几乎以一己之力开创了宋初人人写词，人人爱词，且争相吟词唱词的社会风气，并对不少后来者产生了不可估量的影响。如张舜民所著的《画墁录》中记载了这么一个有关晏殊和柳永的趣事，摘录如下：“柳三变既以词忤仁庙，吏部不敢改官，三变不能堪，诣政府。晏公曰：‘贤俊作曲子么？’三变曰：‘只如相公亦作曲子。’公曰：‘殊虽作曲子，不曾道：‘彩线慵拈伴伊坐。’柳遂退。”

晏殊就这样不显山不露水，稳稳当当地将毕生的心血献给两任皇帝和大宋王朝。

说到喜欢宴饮，这与晏殊年轻时经历诸多生死有关，是他的一种情结。人不可能永远拥有自信与豪情，有飞扬就一定有失落，晏殊的一生中虽然衣食无忧，尽享荣华富贵，但在其内心深处，常常伴有一种失落之感，这失落来自失去，于是晏殊就有执着于追求圆满的这种特殊情怀。

在生命的某个时刻，必定会有哀伤，会有孤独。在对生命和社会的体验上，唐诗就是五大三粗的壮汉，不拘小节；而宋词则是清新内秀的女子，婉约细腻。两者一大一小，一扬一落，一动一静，其实完成了一种绝妙的互补。

后 记

我一直深深相信，每一个中国人生命的深处都蛰伏着诗意。就像很多中国古代有才之士，能在政坛翻云覆雨，也能在文坛上流芳百世，做官和写诗相互并不影响。

最后准备落笔收官，心里却是说不出的滋味，似乎思绪早已经跟着主人公穿越千年回到那繁华的大宋王朝久久不能出来。

在写作过程中，需要整个梳理主人公在各个时间节点上的人生情感以及官场的经历，这条没有捷径的路，再一次清晰地展现了晏殊这位北宋传奇人物的生平，也将具体人物放置在特定的历史大背景下，有情有景地刻画了人物的性格特征。

他算不上北宋的官场之最，甚至也算不上文坛之最，更没有得到万千后人的好评，但是他勤勤恳恳地度过了一生。无论是对待亲情、爱情和手足之情，还是面对君王官场，面对教育和文学，他都以一个七尺男儿的胸襟和气魄承担了一切，以一个令人肃然起敬的模样久久站立在后人心头。

“无可奈何花落去，似曾相识燕归来”，这句词能够概括地表达晏殊这一生的经历。命运多舛，很多事情冥冥之中已经早有安排了，并非他一人之力所能及。所以就慢慢地去遗忘，去接受，去以一个正常的心态，平和地面对一切。当人生已经失无所失的时候，也就不用畏惧后面的坎坷与磨难。既然流水落花春去也，那么也就不要太无奈，就当燕子还是当年的燕子，此情此景你曾见过，去好好地豁达地走下去吧。

比起那些名声大噪的政治家、改革家，晏殊更像是护着红花的绿叶，低调沉稳，牢牢地掌握着江山的总舵。

人的年龄越增长，就越需要一种能在无聊的时刻慰藉灵魂的温暖，就越需要有比物质更长久的东西让岁月开满清香的花儿。诗词，永远是我们在世间的那一轮不会落下的明月，在某个失眠的夜晚给哭泣的灵魂一丝慰藉，在某个失落的午后让疲惫的心灵足够温暖。

心中有所追求，生命才能绽放。只要你相信并且努力付出，便会拥有你想要的生活。古人遇到的磨难，我们也会遇到的，愿你在人生快意抑或失意的时候，都能不改其度，在花香鸟鸣中找到自己，坚守自己，成就自己。

生活不只是苟且，还有诗和远方的田野。

最后，衷心感谢肖映菁、吉拥泽、张晓雅、杨喜鸿、郗祥倩、王伟华、王秀荣、武秀红、王苹、徐霖、张洁、张荣川、刘悦欣、郑璐、徐晶等老师和朋友协助并参与本书的创作。没有你们的帮助，我不可能在紧张的工作之余顺利完成这部作品。而这本书若是能够带给读者精神上的思考与享受，便是所有创作组成员最大的心愿和幸福。